研究者のコピペと捏造

時実象一

樹村房

はじめに

世間の不正行為というのは、たいていは法律に触れるもので、刑事事件、あるいは民事事件として取り扱われます。したがって、告発されると裁判という公の場で裁かれ、その中で不正の詳細が明らかになる仕組みです。実害があれば損害賠償が請求されます。

研究の世界における不正の場合、裁判で裁かれることは稀です（ただし、告発者が名誉棄損で訴えられるケース、解雇された側が不当解雇だと訴えるケースはあります）。研究不正の多くは実害が発生しないからです。しかし、研究不正が発覚すると、その研究結果を正しいと思って、関連研究をしていた研究者の努力は無駄になります。また学会や所属する大学・研究機関の名誉・名声は大きく傷つけられます。

研究不正は裁判ではなく、研究者のコミュニティーで裁かれます。告発者は多くの場合、同分野の研究者で、ネットなどを駆使して不正を追及します。裁判所に当たるのは大学・研究機関が設置する調査委員会で、不正が認定されると、停職・解雇などの処分が下され、場合によっては研究費の返還などが求められます。不正と認定された論文は、掲載された学術雑誌から撤回されます。

このように、研究不正は一般の不正とは異なった面があり、その内容にも特徴がありますが、不正を行う研究者を見ていくと、世間で不正を行う人々と似ていることがあります。世間での不正の原因の多くは金銭としがらみですが、研究不正の原因は、名誉・名声と地位であり、時にはしがらみです。金銭が名誉や地位に置き換わっているようです。

本書では、研究不正を詳しく分析し、研究者はなぜ不正に手を染めるのか、どうしたら不正を防げるのかを考えていきたいと思います。

研究者のコピペと捏造――もくじ

第2部 メディアを騒がせた大事件

第3部　データの改竄・捏造

第4部 剽窃・盗用

第5部 研究者の人間模様

第6部　研究不正は防げるか

序

研究不正の鳥瞰図

研究社会における不正は、ある意味、非日常の世界ですが、その中をのぞいてみると、他の社会でも見かける人間模様があります。それが「特殊」であるのか「普遍的」であるのか、その実像をのぞいてみましょう。

研究者とは何か

人間はものごとを探求しようとするところに特徴があります。古代の人びとは、空を見上げ、太陽、月や星々の運行を観察し、そこに法則を見いだしました。また、植物の成長を見守ることにより、植物が種から育ち実りをつけるサイクルを発見しました。研究の始まりです。そして、これらの法則を、耕作や日々の暮らしに生かし、生産と生活を効率の良いものに変えていきました。技術の始まりです。

研究や技術は、もともとはすべての人びとが行う普遍的な営みであったかもしれません。しかし人間社会が複雑化するにつれ、研究や技術を専門にする人びとが生まれました。古代には彼らは僧侶であったり呪術師であったりしました。ルネサンス時代にはガリレオのように、近代の科学者に近い人びとも生まれましたが、彼らは貴族に仕える身分でした。近世、近代になり、科学技術が宗教や呪術から、あるいは教会や貴族から独立していくにつれ、ようやく研究者は特殊な人びとではなくなりました。

19世紀以降、ドイツをはじめとする近代国家は、国家にとっての科学技術の重要性に着目し、彼らを積極的に支援しました。こうして科学技術は商人や職人と並ぶ、ひとつの普遍的な職業（大学に依拠するという特殊性はありますが）になり、現代に至っています。それにもかかわらず、その学問的専門性ゆえに、研究者はしばしば崇められ、神聖化されています。そのひとつの象徴がノーベル賞です。

世界には552万人（先進10カ国）の、日本にも八十数万人の科学技術者がいます[001]。ノーベル賞やその他の栄誉に輝くのは、そのうちのほんの一握りほどの数の人びとであり、残りは研究者という名前のサラリーマンであるということができます（もっとも最近日本では、ポスドクという名前の、任期付き（プロジェクトが終了すると職を失う）研究者が急増し、大きな問題となっています）。

不正はなぜ生まれるか

このように、研究者というのはひとつの職業にすぎません。それぞれ専門分野においては優秀かもしれませんが、人間として優れている、あるいは尊敬できる、高潔である、という保証はありません。確かにほとんどの研究者は、研究者であることにプライドをもっています。筆者も昔、研究者の端くれの端くれだったので、その気持ちはわかります。さらに研究者の中には、研究に命をかけ、金銭に目もくれないという人びとも少なからずいます。しかし、そうした研究者を含めて、その動機は「名誉・名声・地位」であるということができます。そこに研究不正が忍び込む余地があります。本書で詳述するように、歴史上、あるいはごく最近でも多数の研究不正が知られ、また報じられています。これらは特殊な研究者が起こした、特殊な事例なのでしょうか。それとも膨大な不正行為の海の氷山の一角なのでしょうか。

「名誉・名声・地位」を求める研究者が不正を働く場合を、いくつかに分けることができるように思います。

①根っからのペテン師、嘘つき
②たまたま不正に手を染めた結果、後戻りできなくなった小心者
③小さな不正は不正と思わないのんき者

①の典型は、高温超電導で捏造論文を量産したベル研究所のヤン・ヘンドリック・シェーンでしょう。彼は、大学在学中にも捏造を行っていたと伝えられており、確信犯であると考えられます。『宇宙エレベーター――こうして僕らは宇宙とつながる』（大和書房　２００６）のアニリール・セルカンもこのタイプです。

②は、松本清張の推理小説によく描かれた人びとであり、またまわりが早期に発見すれば大事にいたらないですんだと思われるケースです。たとえば旧石器発掘を捏造した石器文化談話会の藤村

新一がひとつの典型でしょう。彼は、発覚するまで20年以上にわたって捏造を繰り返していたとみられます。事件発覚から3年後の毎日新聞のインタビューで、「やめたいと言えなかったのか」との質問に対し、「言えなかった。周囲の人やマスコミから注文が多くなった」と述べています。近年報道される有名大学におけるデータ改竄事件の多くもこのタイプとみられます。

③の例は、枚挙にいとまがありません。研究論文を執筆する際、多くの研究者はデータを選別します。すなわち、自分の思い描いている結論に合うデータを拾い、合わないデータは捨てています。また、実験で得られた写真を、加工ツールを使ってコントラストをあげたりしたことのある研究者は多いと思われます。こうした行為は、広い意味で不正行為とみなされる場合があります。東京大学教授渡邊嘉典の画像改竄は、この行き過ぎの典型的な例と思われ、この研究室のメンバーはこれを不正と自覚していなかったと証言しています。

軽微な不正の落とし穴

このような「軽微な」不正についてもう少し考えてみたいと思います。研究結果が認知されるためには、明白な「証拠」や「データ」が必要です。しかし、100回に1回しか成功しなかった実験結果でも、実は正しかったということは十分ありえます。そのような不十分なデータでも、ある仮説を提供することにより、科学の進歩の歯車が回るのです。したがって、データの取捨選択が一概に悪とは言い切れません。メンデルのエンドウ豆による遺伝の実験が怪しかったということはよく知られています。それにもかかわらず、彼が遺伝の原理を打ち立てた偉大さには変わりはありません。

こうした「軽微な」不正は、ひと昔前は常態だったといってよいと思います。しかし、今、研究論文の環境が大幅に変わり、もう「軽微な」不正も許されない時代に入りました。すべての研究データは公開され、公衆によるチェックが行われます。これは、最近厳しく言われる企業の「コンプライアンス」違反や「セクハラ」が許されなくなったことと同じです。その変化に気づいていない研究者は大けがをします。

研究環境と不正

いわゆる「モリカケ」問題、日大アメリカンフットボール反則事件では、上から因果を含められて不正を行いますが、発覚すると上は「そんな意味ではなかった」と下に責任を押しつけるといった昔から変わらない姿が見られます。今回は割愛しましたが、東洋ゴム事件、三菱自動車事件など、企業における技術上の不正もこれらとまったく同じ構図です。研究不正をそうした「組織の圧力」の文脈から論じる人もいます。

先に触れた東京大学分子細胞生物学研究所の画像改竄事件では、教授（当時）の渡辺嘉典が研究室のスタッフに改竄を指示したと伝えられています。また、同じ東京大学分子細胞生物学研究所教授（当時）の加藤茂明グループでも、研究室ぐるみの改竄が疑われています。このような、研究リーダーが主導した研究室ぐるみの不正は、ある意味「組織の圧力」と考えられます。

また、ディオバン臨床研究におけるデータ改竄があります。これは研究費を助成する製薬会社からの一種の圧力が結果的にあって、多数の研究者がそれに従ったと考えられます。これは企業の不正によく似たパターンといえます。

文部科学省の科学研究費など、競争的資金を継続的に得なくては研究ができないという圧力、そのためには一流誌に論文を出さなくてはならないという圧力、また、期限付き研究者の場合、テニュア（永続的なポスト）に着くために良い論文を出したいという願望。これらが不正の原動力となっていることは明らかです。しかし、これらは本書の主題範囲を超えており、議論していません。

本書のねらい

本書では、研究不正というものを客観的に見ることができるよう、次のような構成で執筆しました。まず第1部では、学術論文が執筆・査読・出版される過程を説明し、論文不正とはどんなものであるかを理解できるようにしました。第2部では、メディアで大きく報道された不正を取り上げました。これらは「確信犯たち」の不正ということができ、研究界に与えた影響は甚大でした。第3部と第4部では、より身近な不正を取り上げました。これらは、前述カテゴリーの②に相当し、職業的詐欺師でない研究者が陥った罠ということができます。第5部では、研究者間のどろどろとした人間関係を取り上げました。前述のように、超一流の研究者といえども精神面では「名声・名誉」を求める凡人にすぎないことがわかります。最後の第6部では、研究不正は防げるのか、少なくともその被害を最小限にとどめるにはどうしたらよいかを考察します。全体を通して研究不正についての鳥瞰図を得ていただくことを期待します。

なお、本書に先立ち、研究不正についてはいくつかの書物が出版されています。

ウイリアム・ブロード　ニコラス・ウェイド著　牧野賢治訳『背信の科学者たち』化学同人　1988
（現在は講談社より刊行されています）
山崎茂明『科学者の発表倫理―不正のない論文発表を考える』丸善出版　2013
榎木英介『嘘と絶望の生命科学』（文春新書）文藝春秋　2014
黒木登志夫『研究不正―科学者の捏造、改竄、盗用』（中公新書）中央公論新社　2016

本書でも、これらを参考にした部分があります。興味のある方は、これらも読まれることをお勧めします。またＮＨＫでもいくつかの報道番組が放映されています。

ＮＨＫ　ＢＳドキュメンタリー「史上空前の論文捏造」２００４年10月９日放映
ＮＨＫスペシャル「追跡　東大研究不正〜ゆらぐ科学立国ニッポン〜」２０１７年12月10日放映
ＮＨＫスペシャル「調査報告　ＳＴＡＰ細胞　不正の深層」２０１４年７月27日放映

これらのほとんどがすでに視聴できなくなっていることは非常に残念です。これに対して次のＢＢＣの番組はユーチューブで見られます。

BBC Documentary「The Dark Secret of Hendrik Schön」２００４年２月５日放映

第1部
研究不正とはどんなものか

研究不正とひとことでいっても、時代によって変わります。科学が始まった近世には、研究とは思考であり、実験は思考の補助にすぎず、データを操作することは不正とは考えられていませんでした。その後、学術雑誌のシステムが誕生し、研究の厳密性が高まってきた中で、研究不正が厳しく指摘されるようになったのです。

1 歴史を振り返る

歴史上の巨人たち

現在のように、実証的科学的な研究手法や発表手段が存在しなかった時代には、研究成果の盗用は特に珍しいものではありませんでした。ブロードとウェイドの『背信の科学者たち』の2章冒頭には、今なら大問題となるような事例が書かれています。

- プトレマイオスは、〝古代の最も偉大な天文学者〟として知られている。しかし、彼の観測の大部分はエジプトの海岸で夜間に行われたのではなく、白昼、アレクサンドリアの大図書館で行われた。彼は図書館でギリシャの天文学者の研究を解析し、自分が行った研究であると主張した。
- ガリレオ・ガリレイは、真理の裁決者は実験であって、アリストテレスの著作物ではないと主張し、近代の科学的方法の創始者とあがめられている。しかし、一七世紀のイタリアの物理学者たちは、ガリレオの実験結果を再現することは難しく、彼がほんとうに信頼できるような実験を行ったかどうかについては疑いを抱いていた。

- アイザック・ニュートンは、重力の法則を数式で示した天才だが、彼の研究の予言能力を実際以上に大きなものに見せるため、大作『プリンキピア』の中で不明確な偽りとも思える要因をもち出した。
- 化学結合の法則を発見し、種々の原子の存在を証明した一九世紀の偉大な化学者ジョン・ドルトンは、今日の化学者でも再現不可能なほど見事な実験結果を発表した。
- オーストリアの神父であった遺伝学の創始者グレゴール・メンデルはエンドウに関する論文を発表したが、その中に見られる統計は事実としてはあまりにもできすぎたものであった。
- アメリカの物理学者ロバート・ミリカンは、電子の荷電量を最初に測定し、ノーベル賞を受賞した。しかし、彼は自分の実験結果に説得力をもたせるために研究内容を広範囲にわたって誤まり伝えた。

当時は、理論が正しければ実験はそう重要でないと思われていたと考えられます。

近代の著名な事件

ピルトダウン原人事件

近代で最も有名な捏造事件は「ピルトダウン原人」事件だと思われます。これは1912年に英国サセックス州のピルトダウンという町で、アマチュアの考古学者チャールス・ドーソン（Charles Dawson）が友人である大英博物館のアーサー・ウッドワード（Sir Arthur Smith Woodward）と共に、人の頭蓋骨などの断片を発見したことに始まっています[002]。

この発見は、類人猿と人とを繋ぐ「失われたリンク」であるとしてセンセーションとなりました。しかし、その後の考古学の知識が発展する中で、「ピルトダウン原人」の評価は下がり

The Piltdown Men: (Left to right) Front Row: W. P. Pycraft, Arthur Keith, A. S. Underwood, Ray Lankester.
Back Row: F. O. Barlow, Grafton Elliot Smith, Charles Dawson and Arthur Smith Woodward.
John Cooke, R.A., rather tactlessly shows Keith measuring the skull of 'Piltdown man' under the direction of Smith. Teilhard de Chardin is absent on war service.

写真 1-1　ビルトダウン原人の骨を囲むドーソン（後列左から 3 人目）他[003]

続けます。半世紀近くがたって、1953年にロンドンで開かれた考古学の国際会議において、「ピルトダウン原人」は捏造としか考えられないと結論づけられました。その骨はオランウータン、人骨などの寄せ集めで、しかも古く見せるため加工されているとされましたが、そのときはドーソンもウッドワードも亡くなっており、真相は闇の中でした。しかし、2016年に大英自然史博物館を中心とする研究チームがCTやDNA解析の手法を駆使し、この骨がオランウータンの骨を元にした捏造であることを突き止めました（読売 2016・10・13 夕刊 12頁）[004]。

そのほかの著名な事件

そのほか、前記『背信の科学者たち』や山崎茂明の『科学者の不正行為―捏造・偽造・盗用』（丸善 2002）、アレクサンダー・コーン著 酒井シヅ 三浦雅弘訳『科学の罠―過失と不正の科学史』（工作舎 1990）には、以下のような事件が紹介されています。

●ヘルマン・ブラッハ事件

ベルリンのマックス・デルブルック分子医学センターの研究者フリードリヒ・ヘルマンとマリオン・ブラッハが1995年にジャーナル・オブ・エクスペリメンタル・メディシンに発表した論文でオートラジオグラフのデータを捏造した。

●ピアス事件

1994年にロンドン聖ジョージ病院医学校のマルコム・ピアスがブリティッシュ・ジャーナル・オブ・オブステテトリックス・アンド・ジネコロジーに2編の捏造論文を発表した。

●フィッシャー事件

カナダ、モントリオールの聖ルーク病院の乳がん臨床試験データに捏造があった。この結果は1985年からニュー・イングランド・ジャーナル・オブ・メディシンに発表されていた。

●ペインテッドマウス事件

ニューヨーク、スローン・ケタリングがん研究所でウィリアム・T・サマリン博士が、ネズミの皮膚移植実験の成功を示すために、白いネズミの皮膚をフェルトペンで黒く着色した（1974）。

●スペクター事件

コーネル大学大学院生マーク・スペクターががんに関する一連の画期的な成果をあげ、（1980-1981）、ノーベル賞候補ともいわれたが、同僚が実験の捏造に気づいた。

●ダーシー事件

ハーバード医学部のジョン・R・ダーシーが心臓血管に関する論文についてデータを偽造しているのを発見される（1981・5）。

●ソーマン事件（第5部で詳述）

ヘレナ・ロッドバードという研究者がジャーナル・オブ・メディシンに投稿した（1978・11・9）論文が競争相手のヴィジェイ・ソーマンに査読のため渡された。ソーマンは論文に対して拒絶意見を出すと同時に、論文のデータを盗んで指導者フェリグと共著でアメリカン・ジャーナル・オブ・メディシンに投稿した。その論文が査読のためロッドバードに渡って発覚。

●ロング事件

マサチューセッツ総合病院のジョン・ロングがホジキン病細胞の実験データを偽造した（1979）。その後、細胞株の偽造（ヒトのものでなく、フクロウザルの細胞だった）も発見されたが、それはうやむやになった。

2 研究不正にはどんなものがあるか

①盗作、盗用、剽窃《ひょうせつ》

もっとも古くからある不正は、他人の論文や書籍から盗用するものです。論文全体を盗用したのはアルサブティ事件、チランジーヴィ事件などが有名です（第4部参照）。さまざまな論文から適当なところをつまみ食い的に盗用するケースはわが国では人文・社会科学系ではしばしば見られます。

②データ洗浄、画像操作と捏造《ねつぞう》

実験データを都合よく改竄《かいざん》する例は昔からみられます。多数のデータを取り扱う医学系の研究などではしばしば改竄・捏造が発覚しています。最近増えてきているのは、写真画像の転用や改竄・捏造です。小保方事件（第2部）で最初に問題となったのは写真の転用・改竄でした。これは写真の加工ツールが簡単に使えるようになったため急増したと考えられます。

③成果の横取り、共著者の問題

成果の横取りには、上司が部下や学生の研究成果を取り上げる、他人の研究成果やデータをスパイして自分が先に論文として発表してしまう、などがあります。前者については、論文の著者・共著者を適切に記載しないという問題でもあります。

④研究倫理の逸脱

医学・生物学分野では、適切で倫理的な研究が行われるように、患者の権利やプライバシー、実験動物の取り扱いなどについてのガイドラインがあり、また必要な場合は所属機関の倫理委員会の承認を得る必要があります。これらの手続きを適切に行わず、不適切な投薬を行うなどの研究がしばしば問題となります。

⑤研究費の不正

理化学・医学・工学の研究には多額の費用が必要であり、研究助成金が多く使われます。これら助成金を私的に流用する、あるいは業者からキックバックをもらうなどの不正が時折り発覚します。

本書では①②③の不正について主に議論し、④⑤については割愛します。

3

学術論文が出版されるまで

ＳＴＡＰ細胞事件の際、ネイチャー誌に投稿された論文が「取下げ」られた、と報じられました。「取下げ」、または「撤回」ともいいますが、これはどういうことでしょうか。

学術論文に縁の薄い人のために、学術論文が雑誌に掲載される流れについて説明します。

①著者が論文を投稿する。

②論文の学問分野により、担当編集委員が編集長により指名される。

③担当編集委員は、匿名の２〜３名の査読者

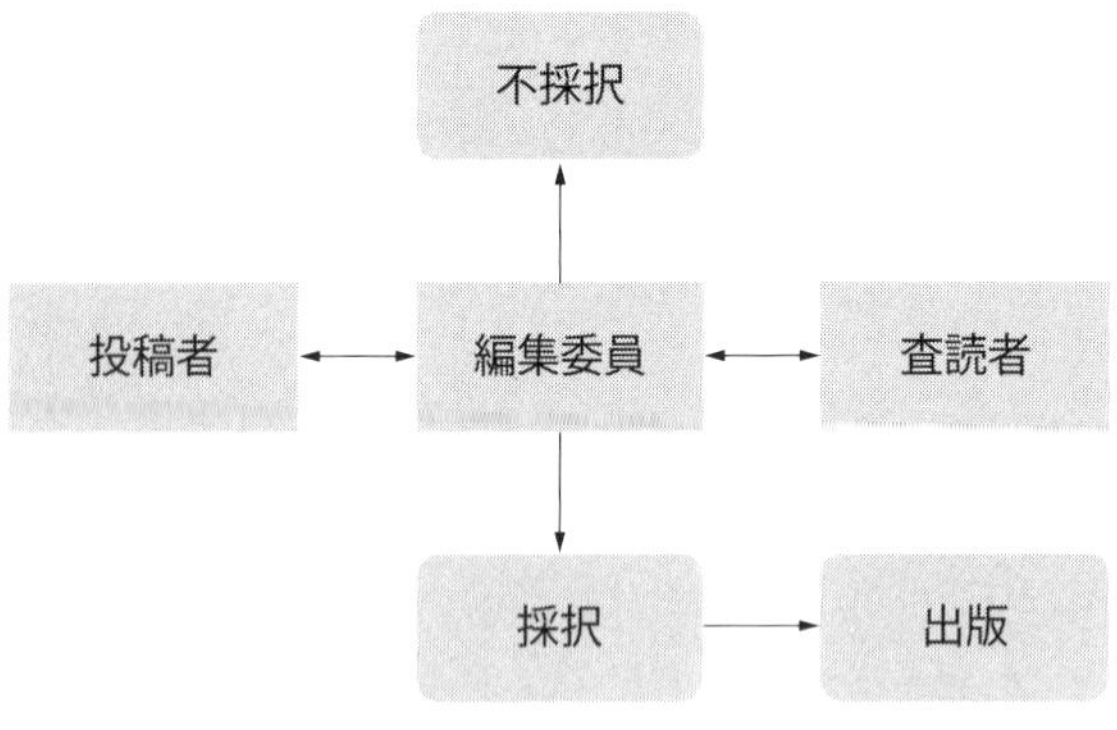

図 1-1　学術論文の投稿から出版までの流れ

を指名し、論文を送る。
④査読者は論文を読んで、誤りはないか、内容に価値があるか、掲載すべきかどうかを報告する。
⑤担当編集委員は、査読報告を読んで、採否を決定するか、著者に修正を要求する。
⑥採否を著者に通知し、採択の場合は、出版部に送る。

通常は⑤のところで、すぐに採否を決定せず、論文の不十分なところを著者に指摘して見直し・再投稿を要求します。再投稿されると②に戻りますが、同じ編集委員、同じ査読者が再投稿原稿を担当することが多いようです。

4 論文撤回とリトラクション・ウォッチ

論文撤回のプロセス

論文が発行されたのちに、論文の内容に疑義が発生した場合、通常編集長名で著者に問題点を指摘します。著者が適切に対応した場合は、論文の訂正や再投稿が行われます。一部分の手直しでは対応が困難な場合は、訂正をあきらめて撤回（retraction）ということになります。もちろん、著者が研究の誤りに気づき、自発的に論文訂正や撤回を申し出る場合も多々あります。

編集長が問い合わせても、著者が回答しないなど適切な対応を行わない場合は、通常その研究者の所属機関に問い合わせ、所属機関で適切な処置をとるように要求します。そして所属機関が合意すれば、あるいは合意が得られなくても重大な場合は、雑誌編集部が強制的に撤回に踏み切ることがあります。

第三者から指摘されて撤回せざるをえなくなる場合は、単に研究の誤りというよりも、何らかの不正が疑われていることがあります。

訂正される前の元論文、撤回の対象となる元論文は、冊子では削除することができません。したがって後の号で「訂正記事」や「撤回記事」を掲載することが正式です。オンラインの電子ジャーナルでは、技術的には削除することが容易なので、１９９０年代末の電子ジャーナルが始まった初期にはたいてい削除されていました。それでは不正の検証もできず、歴史が隠蔽されることになるので、今はオンラインから削除してはならないというのが国際的なルールとなっています。これは、学術出版分野で確立した慣行であり、国会の議事録など他の分野と決定的に違うところです。撤回された論文にはRetracted（撤回）やWithdrawn（取下げ）などのスタンプが押されることがあります。

JBC Papers in Press. Published on August 2, 2006 as Manuscript M603586200
The latest version is at http://www.jbc.org/cgi/doi/10.1074/jbc.M603586200

THE MCM2p-BINDING IS CRUCIAL FOR THE FUNCTION OF CDC7-DBF4 PROTEIN KINASE DURING THE INITIATION OF CHROMOSOMAL DNA REPLICATION IN BUDDING YEAST

Wataru Nakai, Yasuo Kawasaki, Hee-Dal Kim, Satoshi Asano, and Akio Sugino
From Laboratories for Biomolecular Networks, Graduate School of Frontier Biosciences, Osaka University
1-3 Yamada-oka, Suita, Osaka 565-0871, Japan

WITHDRAWN

Copyright 2006 by The American Society for Biochemistry and Molecular Biology, Inc.

図 1–2　撤回された論文に「取下げ（Withdrawn）」スタンプを押して公開している例

このような慣行は日本では必ずしも確立していません。特に人文・社会科学系では、冊子を差し替えたり、紙を貼ったりすることがしばしば行われています。たとえば、ある大学の紀要に盗用論文が見つかりましたが、大学は送付先に廃棄を依頼し、盗用した論文を削除した紀要を再配布しました（朝日　２０１６・４・８　福岡朝刊　27頁）。一般に、紀要での不正論文についてはこのような不適切な例が目立ちます（朝日　２０１８・５・26　岡山朝刊　29頁／朝日　２０１８・６・21　大分朝刊　21頁）。

研究不正大国日本

リトラクション・ウォッチというサイトがあります。現役の学術雑誌編集者であるアダム・マーカス（Adam Marcus）と、メドページ・トゥデイという医学情報雑誌の編集者であるイヴァン・オランスキー（Ivan Oransky）という2人が運営しています。このサイトでは、世界中で発生する学術雑誌論文の撤回を集めて、批評して公開しています。撤回そのものを批判するだけでなく、撤回を隠そうとしたり、原因を公開しない学術雑誌も厳しく批判しており、たいへん参考になるサイトです。日本のＳＴＡＰ細胞論文の共著者が自殺した際も、その日のうちに記事が掲載されるなど、迅速な報道にも定評があります。

このリトラクション・ウォッチで取り上げられた撤回論文数は Retraction Watch Retraction

Databaseで調べることができます。2013年から2017年の5年間の撤回論文を国別に集計すると、図1-3のようになりました。当然ながら、論文数の多い国は撤回に関する記事件数も多いわけですが、中国とイランの多さが際立っているといえます。日本は10位でした。複数の国から投稿されている論文は「その他」に入れているので、この割合がかなり多くなっています。

一方で、Retraction Watch Leaderboardは撤回論文数の多い研究者を紹介しています。ぶっちぎりのトップはなんと日本の東邦大学元准教授の藤井善隆（183件）で、2位のヨアヒム・ボルトの96件を大きく引き離しています。東京大学元教授の加藤茂明は10位、琉球大学元教授のNMも14位に入っています。海外の有名

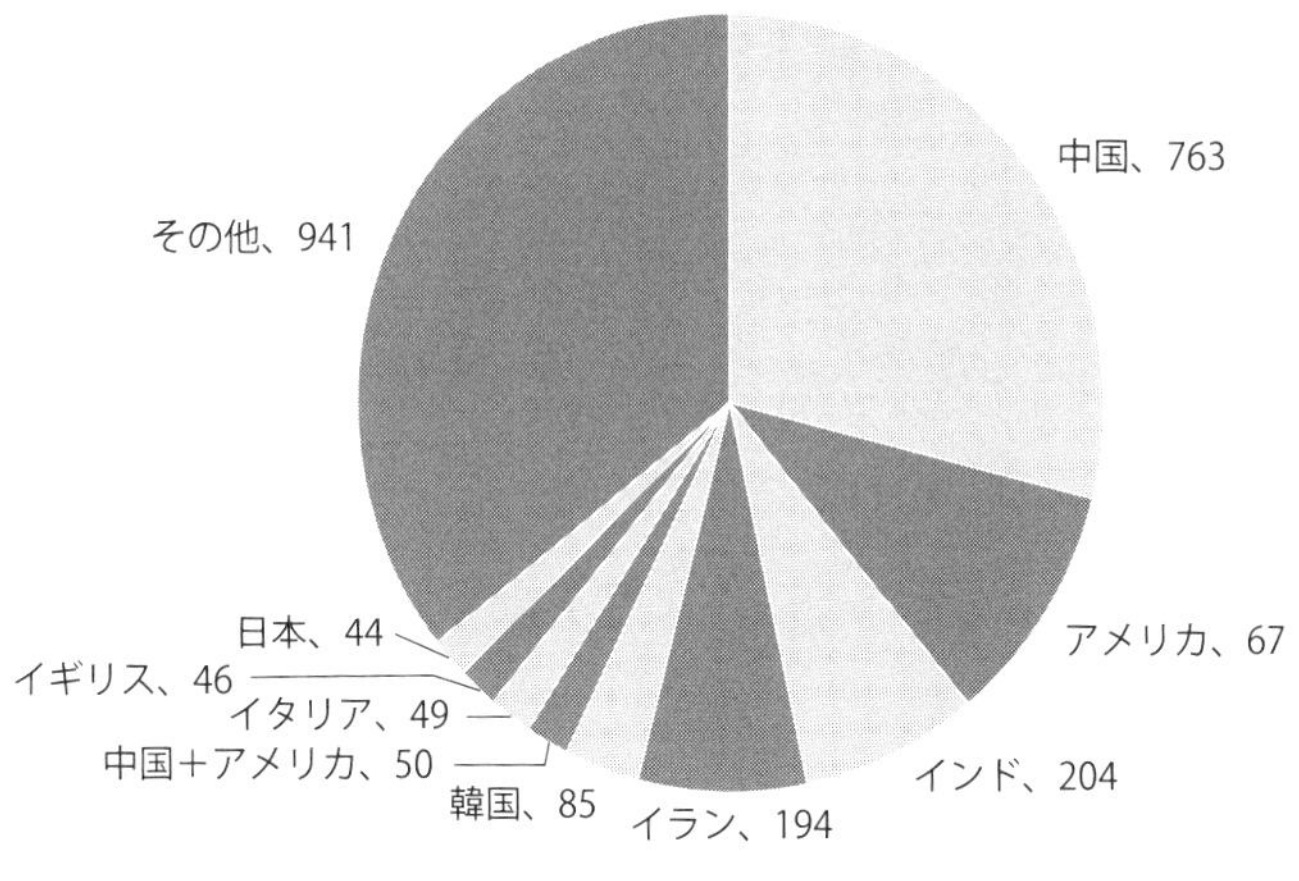

図1-3　リトラクション・ウォッチによる国別撤回件数（2013–2017年）

人では、超伝導論文捏造のヤン・ヘンドリック・シェーンがNMと並ぶ14位です。このように多数の日本人がいることは衝撃的です。

第5位の佐藤能啓についてはサイエンス誌が詳しい記事[005]を書いており、榎木英介により要点[006]も紹介されています。

撤回の理由

もちろん撤回論文のすべてが不正とはいえませんが、不正の割合は高いようです。2011年にネイチャー誌のリチャード・ノールデン（Richard Van Noorden）がまとめたところによると[007]、撤回論文の数はたいへん増加しており、撤回の理由は、捏造11％、二重投稿17％、剽窃（盗作）16％、悪意のない誤り

表 1-1 撤回論文の多い著者（2018年10月21日現在）

順位	名前	撤回論文件数
1	藤井善隆	183
2	Joachim Boldt	96
3	Diederik Stapel	58
4	Adrian Maxim	48
5	佐藤能啓	46
6	Peter Chen（Chen-Yuan Chen）	43
7	岩木潤	41
7	Fazlul Sarkar	41
7	Hua Zhong	41
10	加藤茂明	39
10	斎藤祐司	39
12	James Hunton	37
13	Hyung-In Moon	35
14	NM	32
14	Jan Hendrik Schön	32

28％、結果の再現性なし11％、その他17％となっています（図1-4参照）。「二重投稿」とは、同一の論文を複数の雑誌に投稿することで「自己剽窃」ともいい、論文数の水増しに当たるので、いけないことになっています。

さきほどのリトラクション・ウォッチの2013年から2017年の検索結果を分析してみると、撤回の理由は図1-5のようになります。2つ以上の理由が重なっているものもあるので、円グラフにはしませんでした。この図のうち、下の3つの理由（問題点の指摘、各種誤り、編集上の誤り）は不正ではないと考えられます。この結果も、二重投稿が一番多く、次いで剽窃、それから捏造という順で、ノールデンの結果とほぼ一致しています。

一方、米国ワシントン大学のグループが医

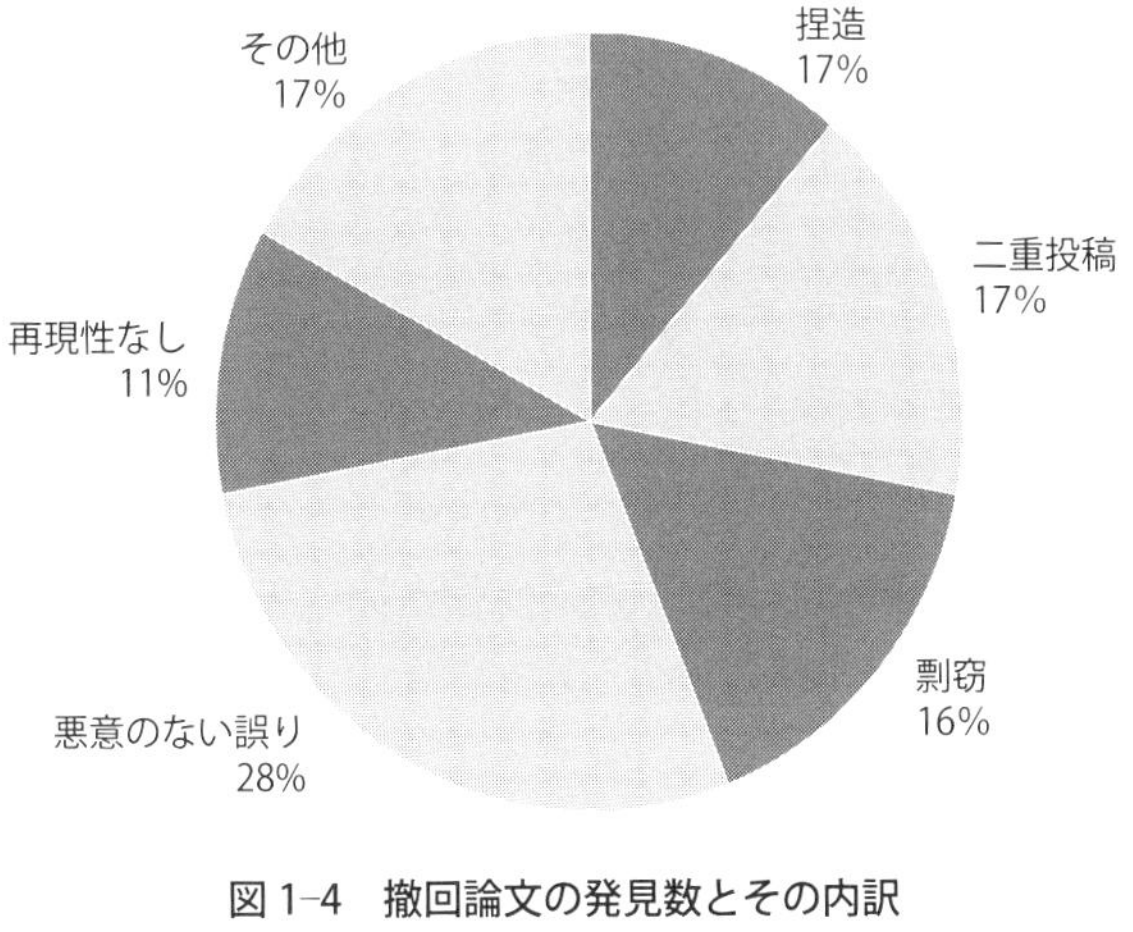

図1-4　撤回論文の発見数とその内訳

学・生命科学分野の研究論文の調査結果を２０１２年に発表しましたが[008,009]、１９４０年以降の２５００万本の論文のうち撤回論文数は２０４７本で、そのうち６９７本（34％）が捏造、捏造の疑いが１９２本、二重投稿２９０本、剽窃２００本、合計67・４％が不正行為とみられるものであったとのことです（朝日　２０１２・10・20　朝刊　33頁）。ほかの調査結果より捏造の割合が多くなっています。

テキサス大の研究グループは、彼らが類似度の高いと思われる医学論文をDeja vuというデータベースに収録していますが、そのうち特に問題と思われる約２００本について、著者や編集者に問い合わせを行いました[010]。盗作された側の93％は盗作論文の存在を知らなかったようです。盗作した側の35％はデータの「借用」を

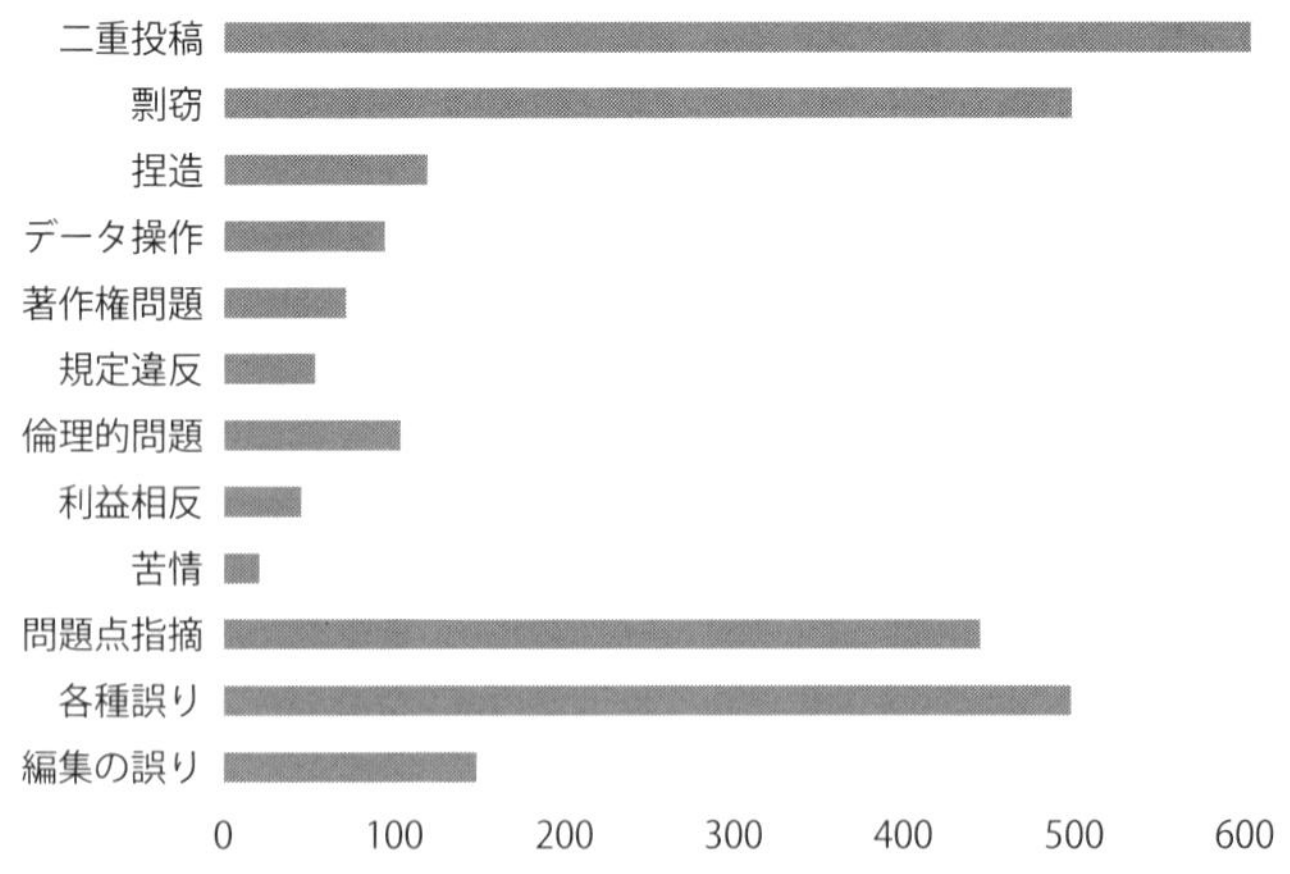

図1-5　リトラクション・ウォッチによる撤回の理由（2013–2017年）

認め、28％は盗用を否定しました。共著者の22％は執筆にかかわっていないとし、17％は自分が共著者であることを知りませんでした。

5 研究の再現性

心理学分野では、270人の研究者からなるOpen Science Collaborationというプロジェクトが、心理学と社会科学に関する研究論文100件の再現実験を行い、その結果が2015年に発表されました。[011] 対象論文が扱っているテーマは、社会生活や他者との交流から、知覚、意識、記憶などに関する研究まで含むものでした。その結果、論文と同じ結果が得られたのは39％に過ぎませんでした。すなわち、残りはそれぞれ論文の結論に疑いが残るということです。このプロジェクトを行ったバージニア大学のブライアン・ノセック（Brian Nosek）によると、再現性がない原因は、「科学者らが「有意」と考えられるもののみを含めるために自説に都合の良いデータだけを選び出す場合や、研究規模が非常に小さいために偽陰性や偽陽性が発生する場合など」[012]であるとしています。偽陽性とは、「本当は病気にかかっていないのに、検査では誤って陽性を示すこと」です。偽陰性はその逆です。

ネイチャー誌は論文に書かれた研究の再現性について研究者に対してアンケートを実施し、その結果を２０１６年８月に公表しました。１５００人余りの研究者が回答した結果は、再現性について約半数の研究者が「危機的な状況にある」とし、残りの半数近くも「やや危機的である」と答えるなど、再現性が大きな問題となっていることがわかりました。

多くの研究者は、実験が再現できなくても大きな声をあげない傾向があります。それは再現できない自分の能力が低いと思われるのではないか、相手の研究者を非難することになるのではないか、という恐れからであるとネイチャー誌のアンケートでは答えています。また「再現性がない」ことを主張する論文は投稿しにくいということもあります。

また米国細胞生物学会が２０１５年７月15日に発表した会員に対するアンケート調査[013]でも、約９００人の回答者71％が再現できなかったことがあると回答しています。その際、繰り返してやってみたり、ほかの研究者に相談して再現できた場合もありますが、39％の研究者は結局あきらめたとされています。

研究の再現がうまくいかない理由のひとつは、研究者が論文の中に実験の手法を詳しく記述しないこともあります。これは他の研究者に簡単にまねされると困るという理由からと思われます。スタンフォード大学の研究チームが生物医学系の学術論文を調査したところ、2000年から2014年に発表された268本の論文のうち、再現実験に必要な手順や条件を詳述している論文は1本しかなかったとの結果を発表しています[014]（毎日 2016・1・12 夕刊 10頁）。さらに実験データを公開している論文はひとつもありませんでした。

こうしたことから、最近主要な学術雑誌は、臨床実験などの実験データの公開を義務づけるようになりました。たとえばBMJ（British Medical Journal）は2012年10月、著者に対して、現在使用されている医薬・医療機器の匿名化された臨床治験データの公開を要求することを発表しました[015]。これはインフルエンザ薬タミフルの臨床データをロッシュ社が公開しようとしないことに端を発しています[016]。要求されたときに著者がデータを提出することを約束しない限り、論文は出版されません[017]。

学術雑誌PLOSは2013年12月に「データ方針」[018]を発表し、2014年3月1日より実施することとなりました。それによれば、論文の著者は、データを適切なリポジトリに提出して、これを投稿の際に明記するか、補助資料として添付する必要があります。これは捏造の防止と実験の再現を支援して全体として研究を促進させることが目的です。

このように見てくると、これら再現性のない研究は捏造ではないか、との印象をもつかもしれません。しかし筆者の考えでは、必ずしもそうではなく、再現できない理由としては次の点が考えられます。

①たまたま特殊な条件の組み合わせでうまくいった実験に基づいて論文を書いたが、その条件の再現が難しいか、あるいは執筆者自身も条件を理解できていない。
②研究に用いたと同じサンプル、材料が入手できなかった。
③執筆者がわざと重要な条件を隠している。

筆者自身も以前、有機化学研究者として、非常に苦労した覚えがあります。ある実験できれいな結晶が得られたのに、その後十数回試みても、二度とその方法では再現できませんでした。最後に、まったく別のアプローチでようやく同じ結晶を得ることができましたが、最初の方法でなぜ再現できなかったのかは謎のまま終わりました。

このように自分でも再現できない実験を他人が再現するのは容易でなく、再現できないから嘘だとは断言はできません。前述のように再現できない理由は多々あり、実験に用いた材料や試薬のわずかな違い、装置の違い、気候や天候、そのほか記載されていないちょっとした作業手順の違いが原因で再現できないことは十分ありえます。不正が明らかな場合を除き、「再現性」を過度に求めることは「角を矯めて牛を殺す」ことと言わねばなりません。

6 撤回された論文を知らずに参考にする研究者

あまり知られていない問題として、撤回された論文をまともな論文だと勘違いして参考にする研究者が多いことがあります[019]。BMJに発表された調査では、撤回された論文235件がその後合計2000回もの引用がなされ、そのうち撤回されたと明記してあるのは8％以下でした。これは誤った研究結果を論文の根拠にしていることとなり、たいへんな問題です。これを防止するために、主要出版社では撤回の事実を目立つように工夫していますが、撤回される前に論文をダウンロードしていたりすると、その工夫も目につかないので、難しいところです。

第2部

メディアを騒がせた大事件

研究というのは、あまり新聞・テレビなどのメディアの話題にはなりませんが、「研究不正」は大ニュースになります。それは、プロフェッショナルであり知識人である「研究者」でも不正をするのだ、という意外性とともに、偶像が堕ちたことを楽しむという大衆の欲望を満足させるからです。そうした大事件となった例をいくつかご紹介します。

1
全部ウソだった高温超伝導

ここではは主としてNHKのBSドキュメンタリー「史上空前の論文捏造」（2004年10月9日放映）と、それをもとに書籍化した村松秀『論文捏造』（中央公論新社　2006）を参考にしています。

ドイツ出身の若き物理学者ヤン・ヘンドリック・シェーン（Jan-Hendrik Schön）は、ドイツのコンスタンツ大学を卒業した後、米国に渡り、有名なベル研究所（ニュージャージー州）に勤め、超伝導の研究を行っていました。2000年7月に、オーストリアで開かれた国際合成金

写真 2-1　ヤン・ヘンドリック・シェーン020

属会議で彼の上司であるバートラム・パトログ（Bertram Batlogg）が、有機物を用いた高温超伝導の研究成果を発表し、脚光をあびましたが、その実験を実際に行ったのがシェーンで、彼が29歳の時でした。それから2002年にかけて、シェーンはネイチャーやサイエンスなどの一流雑誌に合計16報もの論文を発表しました。彼の研究は、有機物の表面に薄い酸化アルミニウムの膜を貼る（スパッタリングという）というもので、それによって超伝導が観測できる温度がそれまでの33度Kから一挙に52度K、最終的には117度Kにまで上昇させることができたと主張しました。この成果は実に画期的なもので、当時ノーベル賞は間違いなしといわれ、実際数々の賞を受賞しています。

超伝導という現象は現在ではよく知られていますが、量子力学的な現象で、物質の温度を絶対零度近くに下げていくと、その電気抵抗が突然ゼロとなる現象です。この現象は1911年にヘイケ・カメルリング・オネス（Heike Kamerling Onnes）によって発見され、彼は1913年のノーベル賞を受賞しました。よく知られているのは超伝導によって起こるマイスナー効果で、磁石が宙に浮く（磁気浮上）写真は見たことがある人も多いと思います（写真2-2）。

超低温状態を実現して持続させるには液体ヘリウム装置などが必要で、大がかりになります。より高温で常温に近い温度で超電導が可能となれば、産業上の価値は極めて高く、シェーンの研究成果は一躍注目されるところとなりました。

日本の大阪市立大学教授谷垣勝己（当時）や米国ミネソタ大学教授のアレン・ゴールドマン

（Allen Goldman）など、多くの研究者が薄い酸化アルミニウム箔を貼ろうとして追試を行いましたが、誰も成功しませんでした。何か彼にしかできない特別のノウハウがあるのではないかとして、シェーンは「神の手」（God's hands）とも呼ばれたと伝えられています。シェーンは、この実験はベル研究所でなく、古巣の南ドイツにあるコンスタンツ大学にある特殊な装置（マジック・マシーンと呼ばれた）で行ったとして、その実験の詳細は公表しませんでしたし、資料のサンプルも言を左右にして提供しませんでした。

パトログはこの件で名声を博し、2001年にスイス連邦工科大学に教授として招聘されました。NHKの取材によれば、パトログはこのコンスタンツ大学のマジック・マシーンを使っ

写真 2-2　超伝導によって起こるマイスナー効果021

て追試をしようと考え、研究室のスタッフに指示しました。彼らが見たマジック・マシーンの写真をNHKが入手しています（写真は『論文捏造』の156頁に掲載されています）。

この装置の写真を見て、追試を行った谷垣勝己は、「私たちの装置が一眼レフのカメラだとすると、これは本当に千円で買えるというか、そういうインスタントカメラに近い印象ですね」「研究の初めの段階でこの装置を見ていたら、シェーンに対する考えはだいぶ変わっていたでしょうね」と述べています。さらに、装置も古いがあまり使われた様子のないことに、実験など成功しているはずもないことを悟った、と語ったとのことです。

スタッフによる追試がうまくいかなかったので、パトログは2002年2月、シェーンをコンスタンツに呼び寄せてスタッフの前で実験させましたが、やはり成功しませんでした（パトログは立ち会わなかった）。「神の手」はなかったのです。しかしこの追試の失敗はどこにも公表されず、その後もシェーンの論文は発表され続けました。

2002年3月、谷垣はやむにやまれずチューリヒのパトログに会いに出かけました。そこで質問した結果、パトログは実験に使われたサンプルを見たことがなく、そもそも酸化アルミニウム膜の作成についてはまったく素人であるとの印象を受けたと話しています。「もう完全に、100パーセントの疑問を持ちました」と述べています。

2002年4月、プリンストン大学教授のリディア・ゾーン（Lydia Sohn）に「シェーンの2つの論文を比べてみてください」との謎の留守番電話が入りました[022]。ゾーンはネイチャー誌とサイエンス誌それぞれに掲載された2つの論文を見比べたところ、実験結果のグラフが細かいノイズを含めてまったく一致していることに気づいたのです（図2−1）。

Cのように、グラフの右下のノイズの部分の曲線がまったく一致しています。このような一致は、実験ではありえません。これは同じ図が流用されたことを示します。ゾーンはコーネル大学のポール・マキューン（Paul McEuen）と協力し、そのほかにも多くの図の流用を発見しました。それらは単なる図のコピーではなく、グラフを引き伸ばすといった加工をしていることが明らかになりました。この結果は、5月になってシェーン本人、パトログ、ベル研究所に一斉に通知されるとともに、サイエンスやネイチャーなどシェーンの論文が掲載された雑誌には論文の取り下げを要求する通知も行われました。

この結果、ベル研究所は２００２年5月16日にスタンフォード大学教授のマルコム・ビーズレー（Malcolm Beasley）を委員長とする調査委員会を立ち上げました。このことは21日にはニューヨーク・タイムズ紙でも報じられました。委員会は予備調査を行ったのち、7月22日から4日間、パトログ、有機物サンプルを作成した共著者2名、そしてシェーン本人に面接を行いました。そこで判明したのは、シェーンが測定データや実験ノートを残していなかったこと、また実験に用いたサンプル試料も残っていなかったことです。面接の中で、追及されたシェーンは、ついに「その『実験』

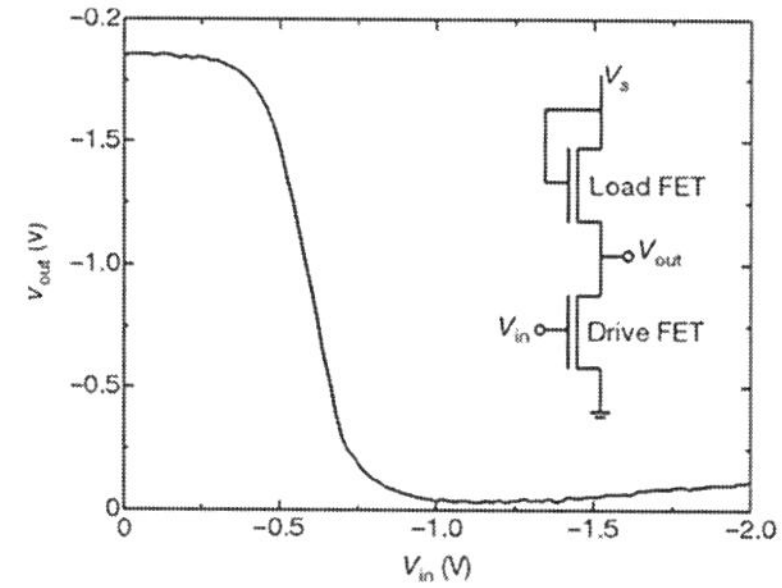

A ネイチャー論文のグラフ023

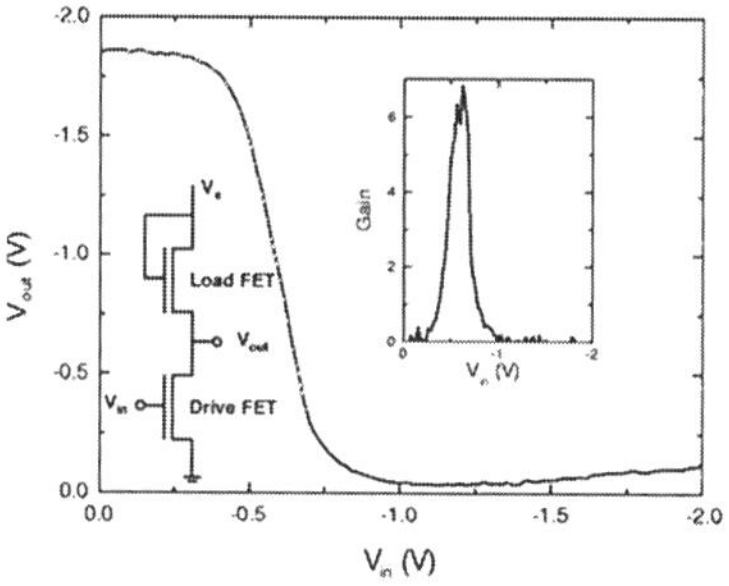

B サイエンス論文のグラフ024

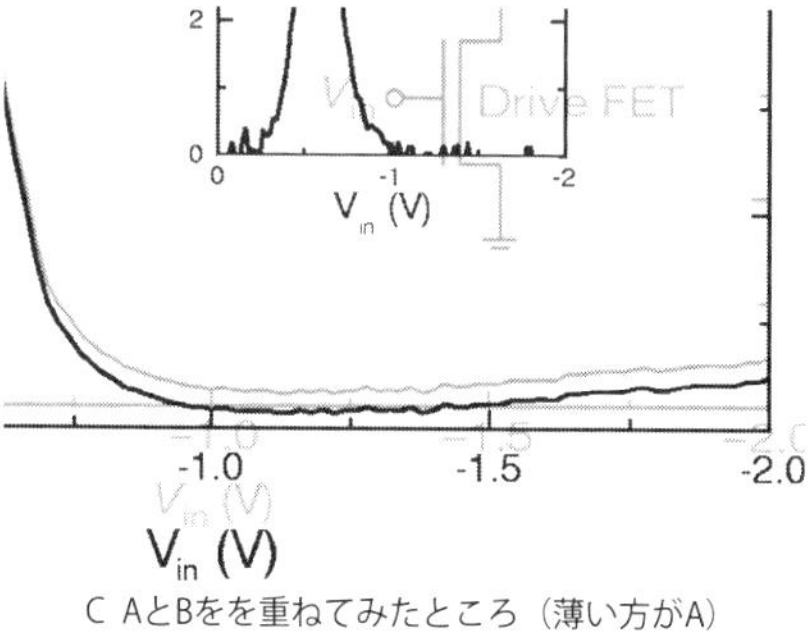

C AとBをを重ねてみたところ（薄い方がA）

図 2-1 シェーンの実験結果のグラフ

データは実際には理論的な曲線である」「実験データは、論文の内容に合っているものを、ファイルから適当に選び出した」などと事実上捏造を認めました。

調査委員会は嫌疑をかけられた24論文のうち、16論文が捏造であると判定しました。残りの8論文については、データが残っていないので、判定ができなかっただけです。ベル研究所は直ちにシェーンを解雇しました。

ただしシェーンは一貫して、誤りを犯したが観測した現象は事実である、との立場を主張したとのことです。シェーンはその後まったく、表舞台から姿を消しました。

村松は、シェーンのやったことはともかく、上司であるパトログが一切責任はないとの立場をとり続けたことに違和感をもっています。パトログはシェーンのデータもサンプルも見たことがなく、実験にも一度も立ち会わなかったのです。それでいて、彼はシェーンの成果により脚光を浴び、最後まで彼を擁護したのです。

なおNHK調査班は、シェーンがコンスタンツ大学在学中にも捏造に手を染めていたことを突き止めています。ベル研究所調査委員会の報告書が公表された直後の2002年9月26日に、コンスタンツ大学で調査委員会が発足しています。そこでの調査対象はシェーンが学生として発表した30本ほどの論文です。この調査委員会委員長の法学部教授ディーター・ローレンツ（Dieter Lorentz）

は、シェーンの論文には次の問題があったと述べています。

①グラフと測定データの不一致
②実験記録の不備
③実験結果をより明らかにするための書き換え

これらの行為は、まさにベル研究所での不正行為と同一です。彼はベル研究所以前から、不正を日常的に行ってきたとみられます。

それにもかかわらず、調査委員会はこれら「改竄」は軽微であって重大ではないとの結論を下していました。その一方で、大学は2004年6月にシェーンの博士号を剥奪しています。シェーンからは地位保全の訴えがなされましたが、2011年に決着し、剥奪が確定しました。サイエンス誌の記事では、「大学は何も不正がないと結論づけたのに、なぜ?」との疑問を呈しています[025]。

2 韓国をゆるがしたES細胞事件

この事件については主として『国家を騙した科学者―「ES細胞」論文捏造事件の真相』（李成柱著 裵淵弘訳 牧野出版 ２００６）を参考にしています。

今、日本ではiPS細胞がもてはやされていますが、このような万能細胞の先駆はES細胞（Embryonic Stem Cell：胚性幹細胞）です。これは、動物の発生初期に胚の一部である内部細胞塊から作成される細胞のことで、あらゆる組織に分化する可能性を持つとされています。最近問題となったSTAP細胞事件でも、実験中に

写真2-3　黄禹錫（ファン・ウソク）026

ＥＳ細胞が混入したのではないかとの疑惑ももたれています。

この細胞は１９８１年に、ケンブリッジ大学とカリフォルニア大学のグループそれぞれによって作成されました。２００７年のノーベル賞生理学賞は、ノックアウトマウスの作成に成功した２氏のほか、マウス初期胚からＥＳ細胞の樹立に成功したマーティン・エバンス（Martin J. Evans）に授与されました。ＥＳ細胞は、再生医療に利用できる可能性があるものの、ヒトの受精卵を材料とすることから倫理的な議論があり、積極的な利用はあまり進んでいません。日本では、わずかに、不妊治療の際に破棄された余剰胚のみが利用を認められています。

２００４年、韓国のソウル大学教授黄禹錫（ファン・ウソク）が、世界で初めて体細胞由来のヒトクローン胚からＥＳ細胞を作成することに成功したと報告しました[027]。さらに２００５年には、11人から得た皮膚細胞の核を、核を取り除いた別人の卵子に核移植することにより患者ごとにカスタマイズされた（患者適応型）ＥＳ細胞を作ることに成功した、とサイエンス誌に発表し、センセーションを呼びました[028]。その概念は図2-2のとおりです。

黄は、韓国政府から賞賛され、ソウル大学「世界ＥＳ細胞ハブ」の所長に就任、韓国初のノーベル賞候補ともささやかれました。

ところが、実験に使用した卵子は研究室の女性研究者から（自発的に？）入手した、各所から金を払って入手した、などの倫理的な問題があるとの内部告発があり、韓国のドキュメンタリー番組

「PD手帳」が2005年11月22日に告発報道を行いました。しかし「PD手帳」は賞賛されるどころか、国民の怒りを買い、不適切な取材を暴露されるなどの結果、打ち切りとなり、韓国のマスコミは黄擁護に一斉に傾き、捏造の検証は宙に浮いてしまいました。

ところが、2005年12月5日、浦項工科大学のネット掲示板「BRIC（Biological Research Information Center）」に集まる研究者たちが、独自に論文の検証を始めました。その結果、わずか2日間のうちに、サイエンス誌などの論文に掲載された44組の写真のうち、5組の写真が同一のものであることを発見しました。さらにハンドルネーム「アルン」と呼ばれる慶北大学博士課程研究員が、DNAの「指紋」が高い確率で一致していることを見つけ、12月7日には

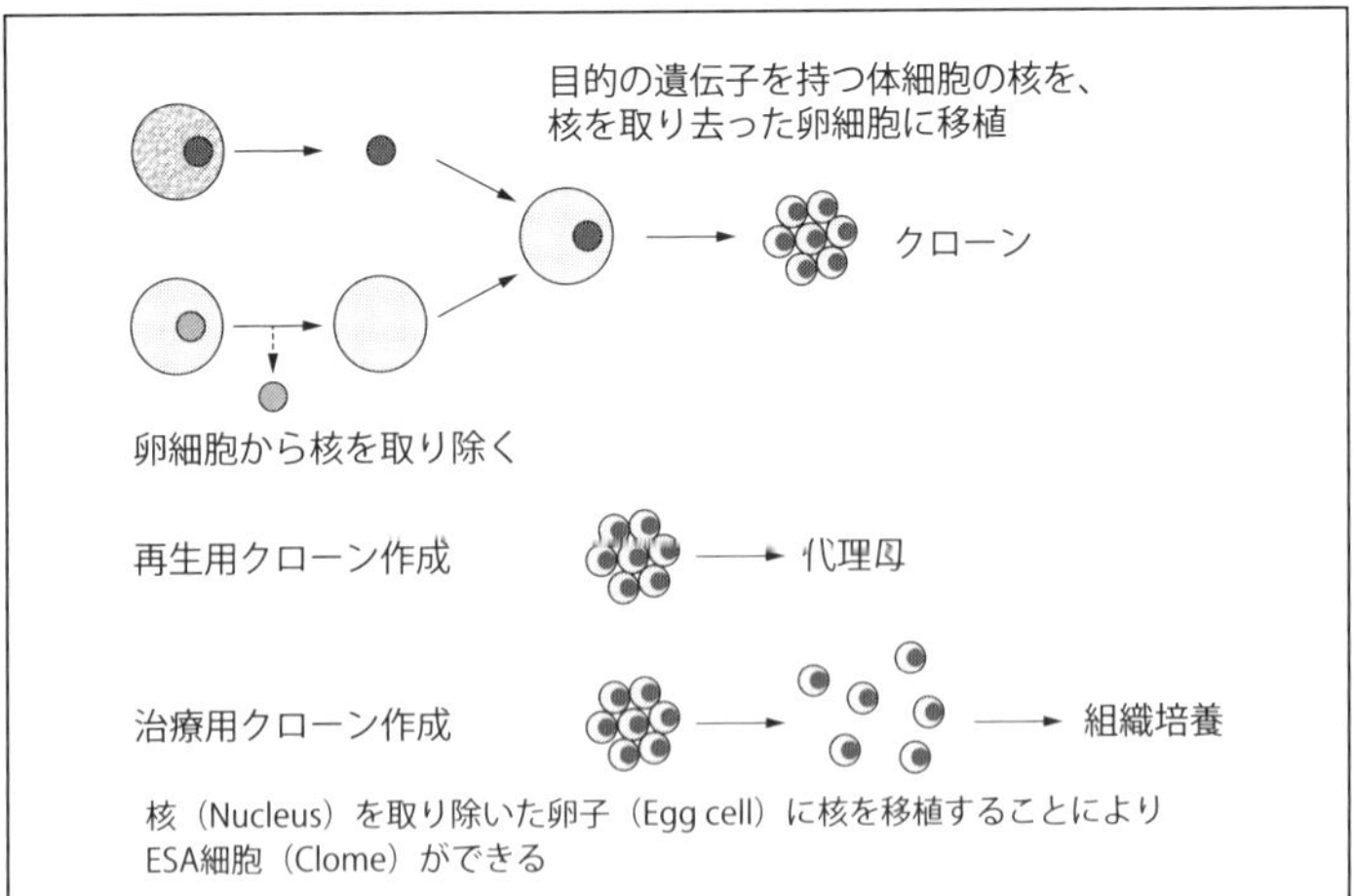

図 2-2　ESA 細胞作成の概念図（和訳）029

詳細な報告書がネットに掲載されました。12月6日にはソウル大学の若い教授らが論文検証を総長に建議する動きが始まりました。この問題はニューヨーク・タイムズ紙などでも報道され、ついに12月11日、ソウル大学は調査委員会を発足させることとなりました。

さらに、12月15日には、協力関係にあるミズメディ病院理事長盧聖一（ノ・ソンイル）が黄をソウル大学病院に見舞った際、本人から「ES細胞はなかった」と聞いたと発言し、大混乱となりました。16日には黄本人が記者会見をして、「患者適応型ES細胞作成には成功したが、その後の汚染で失ってしまい、新たなES細胞を作って論文を書いた」と釈明しました。盧は、「私の病院にあった受精卵のES細胞を（新たに作成した患者適応型の）ES細胞だと言い張っている」と述べ「（論文の締め切り時期に合わせて新たなES細胞を作ったとなると）六か月かかるテラトマ確認作業を一か月で終えて論文を提出したことになります。それこそ論文捏造の証拠だ」と反論しました。

ソウル大学調査委員会は、12月29日には、「黄教授が記者会見で言及した初期凍結された5個の幹細胞株を含む8個の細胞株すべて患者体細胞と一致せず、ミズメディ病院に保管された受精卵幹細胞と確認された」と報告し（2005年12月29日16時09分 中央日報／中央日報日本語版）、2006年1月10日には「黄教授はES細胞を作製できる源泉技術をもっておらず、ES細胞が存在したという科学的根拠は見つからなかった」との最終報告を提出、捏造が確定しました。サイエンス誌の最終報告は2006年12月1日に公表されています。

しかし、黄を英雄視する人びとはいまだにいるようで、半年後には黄のために「スワム生命工学研究財団」が設立され、2011年には「スワム生命工学研究所」が完成したと新聞で伝えられています。

李成柱（イ・ソンジュ）と裵淵弘（ペ・ヨンホン）は『国家を騙した科学者』の中で、この事件を「英雄ファン教授」の受難という視点から煽ったマスコミの責任との観点から分析しています。すなわち、最初に問題を取り上げたMBC放送の「PD手帳」がほかのマスコミからの攻撃と世論の圧力で番組打ち切りに追い込まれたこと、BRICなどの活躍で捏造が明らかになってきても、ファンを擁護し、最後まで混乱を招いたことなどを批判しています。ただし、これらマスコミは2002年12月末までに『朝鮮日報』を除いて反省文を書いたそうです。

3

エイズ・ウイルス発見一番乗りと捏造

エイズ（ＡＩＤＳ）とは後天性免疫不全症候群（Acquired Immune Deficiency Syndrome）のことで、ヒト免疫不全ウイルス（Human Immunodeficiency Virus：HIV）に感染することによって起きる病気です。ＨＩＶはレトロウイルスと呼ばれる種類のウイルスで、本体はＲＮＡであり、細胞内で自分がもつ逆転写酵素によりＤＮＡを合成して、そのＤＮＡにより増殖します。ＨＩＶはサルの免疫不全ウイルスが突然変異によってヒトに感染するようになったと考えられています。ＨＩＶに感染すると、ヘルパーＴ細胞を破壊することにより免疫力が低下し、通常では病気を引き起こさないさまざまな病原体に感染（日和見感染）し、しばしば死に至りました。最近は抗ＨＩＶ薬が開発され、必ずしも死亡することはなくなりました。

１９８１年６月５日、米国防疫センターのニュースレターＭＭＷＲに「ロサンゼルスのカリニ肺炎」というレポートが掲載されました[030]。そこでは、ロサンゼルスの同性愛者である５人の男性が１９８０年10月から１９８１年５月にかけてカリニ肺炎に感染し、うち２人が死亡したと報告されています。これがエイズの最初の症例です。エイズは同性愛者の性交渉によって感染するとされ、一時は同性愛者への偏見が増大しましたが、その後輸血でも感染することが判明しました。政府がこの対策に本気になったのは当時の大統領レーガンの友人、俳優のロック・ハドソンがエイズで亡くなったことによるといわれています。

わが国では、1980年代に血友病患者に対して使用された血液凝固因子製剤（非加熱製剤）によって患者1800人ほどが感染し、そのうち600人以上が死亡したとされています。この事件では、製剤を投与した病院の責任者、製剤の製薬会社、厚生省官僚が起訴され、有罪判決が出たのでよく知られています。

現在世界にはHIV感染者は5000万人いるともいわれています。感染者の多くはアジア・アフリカ地域ですが、最近は中国・インド・インドネシアでも増加しているようです。

この事件の顛末は1989年11月19日にシカゴ・トリビューン紙に掲載された同紙記者ジョン・クルードソン（John Crewdson）の2年間にわたる調査報告『The Great AIDS Quest』[031]に詳しく書かれています。この報告は『エイズ疑惑―「世紀の大発見」の内幕』（ジョン・クルードソン著 小野克彦訳 紀伊國屋書店 1991）として翻訳されているので、これを基に要点を紹介します。参考のために翻訳書の該当ページを示しています。

エイズの原因がウイルスである、と最初に報告されたのは1983年です。すでに白血病ウイルス（Human T-lymphotropic virus：HTLV）を発見していた米国国立衛生研究所の中にある、国立がん研究所のロバート・ギャロ（Robert C. Gallo）が、エイズ・ウイルスもこのHTLVの一種であると考え、エイズ患者の血液や組織細胞を調べたところ、HTLVが多くの場合に検出されたのです。ギャロは1983年にサイエンス誌[032]とネイチャー誌に発表した論文でそのことを報告しました（41頁）。

なおHTLVについていえば、日本では1977年に岡山大学の三好勇夫、京都大学の日沼頼夫らがレトロウイルスを発見し、成人T細胞白血病ウイルス（Adult T-lymphotropic virus：ATLV）と名づけており、これは遺伝子配列からギャロのHTLVと同じものとされています。HTLVでスターになったギャロは、この日本人の発見についてはその後ほとんど言及しませんでしたが（66〜70頁）、日沼はエイズ・ウ

写真2-4　ロバート・ギャロ[033]

イルスの発見につながった業績が評価され、２００９年に文化勲章を受章しています（朝日　２００９・10・28　大阪朝刊　29頁）。

同じ頃、フランスのパスツール研究所のリュック・モンタニエ（Luc Antoine Montagnier）、ジャン＝クロード・シャーマン（Jean-Claude Chermann）、フランソワーズ・バレ＝シヌシ（Françoise Barré-Sinoussi）らは、独自にエイズ患者からウイルスを探し、２０１３年３月、（ヘルパー）Ｔ細胞に感染するがそれを破壊するレトロウイルスを発見し、これを白血病関連ウイルス（lymphadenopathy-associated virus：LAV）と呼ぶことにしました（44〜48頁）。モンタニエはこの発見をギャロに電話しています。モンタニエたちは、ギャロからもらった抗体テストにより、ＬＡＶはＨＴＬＶとは異なるウイルスであることを確認しました（49頁）[034]。この論文はギャロの前述の論文と同じ号に掲載されたましたが、ギャロの陰に隠れてあまり注目されませんでした。

その後の各所で行われた研究の結果、白血病患者とエイズの関連は小さいことがわかり、ＨＴＬＶがエイズに関与しているとはいえなくなりました。ギャロは１９８３年12月にランセット誌に投稿した論文で、ＨＴＬＶ-１はエイズには関連していないことを認めましたが、その論文は保留となりました（87頁）。１９８４年になり、前年に行われたコールド・スプリング・ハーバー研究所での会議、ユタ州パーク市のエイズ会議でのギャロの発表内容が出版されると、そこにはＨＴＬＶ-

写真 2-5　リュック・モンタニエ035

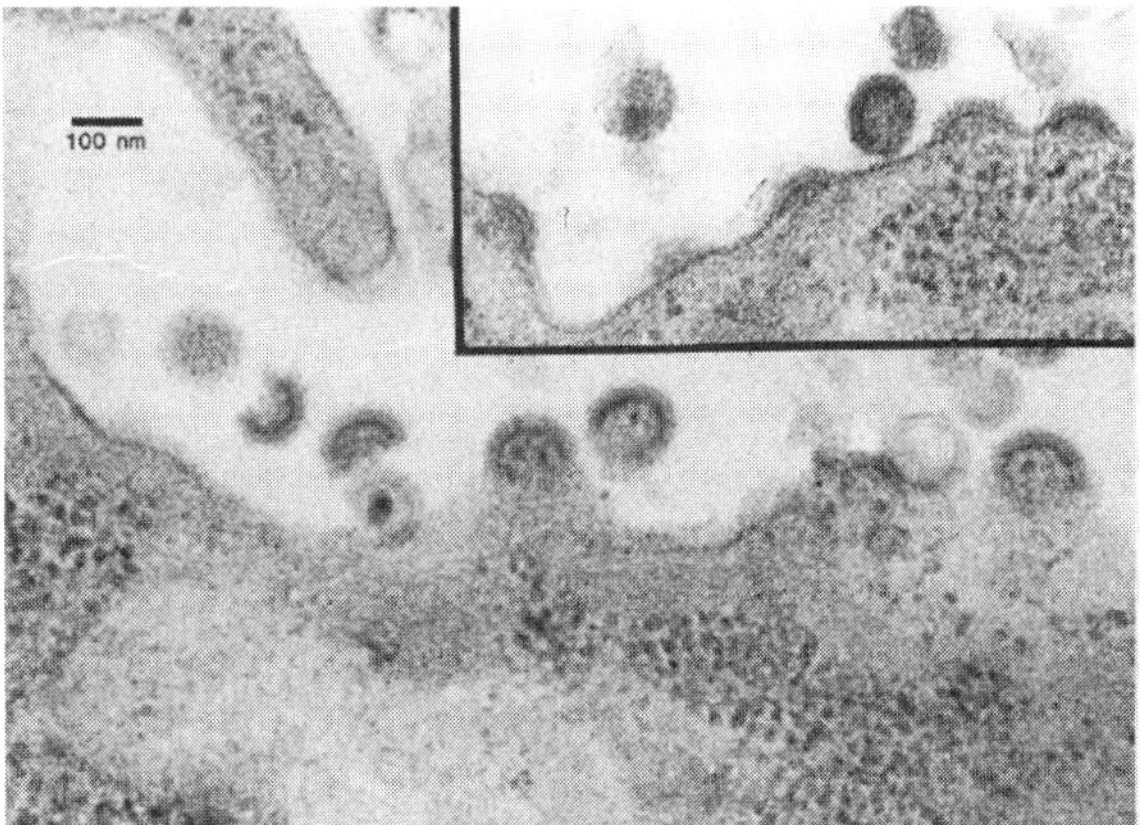

写真 2-6　モンタニエの論文に掲載されたエイズ・ウイルスの電子顕微鏡写真036

3と名づけられたウイルスが50株以上エイズ患者から分離されたと記載されていましたが（94〜95頁）、実はそうした発表は会議では行われていませんでした。

1984年4月23日、国立がん研究所において、ギャロがエイズの病原体と思われるものを発見したと公式発表が行われました（97〜99頁）。ギャロは公式発表では自分のウイルスとモンタニエのLAVは同じものだと明言しましたが、同時に彼が発表したサイエンス誌の論文では異なるものだと記載していました。実際にはこの時点でLAVとHTLV-3が同じであることは、ギャロの研究室ではすでにわかっていたと考えられます（105頁）。実は、パスツール研究所は1983年7月にはすでにLAVの試料をギャロに渡していました。その後9月には、この試料を「商業的工業的に使用しないこと」をギャロ側に求めていたのです（114〜115頁）。

1984年12月、米国国立衛生研究所で行われたシンポジウムで、LAVとHTLV-1の遺伝子地図がまったく異なることをパスツール研究所のサイモン・ウェイン＝ホブソン（Simon Wain-Hobson）が発表しました（130〜138頁）。この結果は1985年1月にセル誌で発表され[037]、この事実は他の科学者も次第に確認することとなりました。

1984年夏カリフォルニア大学デイヴィス校のマーティー・ブライアント（Marty Bryant）は、フランスのウイルス、ギャロのウイルス、そしてカリフォルニア大学のジェイ・レヴィ（Jay A. Levy）が見つけたウイルスの3種の株を遺伝子的に比較しました。その結果、レヴィのウイルスを除き、フランスのものとギャロのものはほとんど同一であることがわかりました[038]。レトロウイルスは増殖する際に一度DNAに逆転写するので、転写ミスにより変異しやすいのですが、それにもかかわらずほぼ同一の組成であるということは驚くべきことでした。

同様の結果は国立がん研究所のA・B・ラブソン（A. B. Rabson）とマルコム・マーティン（Malcolm A. Martin）によっても報告されました[039]。ギャロはこれに対して、この株を採取した2人の患者が同じときに同じところで感染したのではないかと弁明しています。

1984年に米国防疫センターの主導でギャロ・グループとパスツール・グループが並行してエイズ血液検査法のテストを行いました。これはエライザ（ELISA）法と呼ばれるもので、両グループはそれぞれ独自に開発していました。結果はどちらも一致して良好でしたが、結局この事実が論文として出版されることはありませんでした（108〜111頁）。パスツール・グループはこのエイズ検査法の特許を1983年12月には米国特許商標庁に申請していました。一方ギャロ・グループは1984年4月にHTLV-3を用いたエライザ特許を申請しました。ギャロの特許は1年ほどで登録されましたが、パスツール特許の審査の進展はありませんでした（112〜113頁）。

この結果、エイズ検査試薬の販売によって得られる数百万ドルとみられる利益はすべて米国に独占されることになります。ここに至って、パスツール研究所はギャロと対決することを決意しました。すなわち、米国側がエイズ・ウイルスの発見はパスツール・グループによることを認めること、パスツール研究所の特許を認めること、特許料も分けることを要求し、裁判に持ち込むことも辞さないと１９８５年８月に伝えました（１７６頁）。米国政府はギャロ・チームの実験ノートなどを検討した結果和解を申し出ましたが、パスツール研究所はその内容に反発し、12月12日に提訴しました。

訴訟が進む間に、１９８５年末、パスツール研究所側の法律事務所に「ギャロがサイエンス誌に発表したＨＴＬＶ-３の写真は実はＬＡＶの写真であり、またＨＴＬＶ-３Ｂというウイルス株はまったく実在しない」との内部告発がありました（１８１頁）。この写真の件はギャロ側にも伝えられたので、ギャロはサイエンス誌に訂正の手紙を書きました。こうして、ギャロがパスツール研究所から入手したＬＡＶ株を保存して増殖していたことが次第に明らかになりました。

ギャロは、１９８６年になって、自分たちはすでに１９８２年11月にエイズ・ウイルスの分離に成功していたと主張し始めました（１８９〜１９０頁）。しかしさまざまな矛盾が明らかになるに従い、その主張は取り下げています（１９８頁）。

裁判が進行している最中の１９８７年３月31日、米国大統領レーガンとフランスの首相シラクは、23ページからなる合意書を発表しました（２００〜２０２頁）。その要点は次のようになります。

①フランスは告訴を取り下げる。
②双方の研究者を発明者とする新しい特許権を発行する。

シカゴ・トリビューン紙の記者ジョン・クルードソン（John Crewdson）によれば、米国政府としては裁判のなりゆきが思わしくないこと、シラクはレーガンに恩を売りたがっていたことがこの合意の背景にあると思われます（203〜205頁）。

両者がエイズ・ウイルス発見の栄誉をわかちあったことにより、ギャロとモンテニエは共同でラスカー医学賞（1986）、日本国際賞（1988）など数々の賞を手にしました。ところが、1989年11月19日にクルードソンが発表したこの報告書（『The Great AIDS Quest』）が、エイズ・ウイルスの真の発見者はモンテニエたちであると暴露したのです。

これはギャロにとっては決定的な打撃となりました。1991年5月31日発行のネイチャー誌で「自分が分離したのは実験中に混入したフランスのウイルスだった」と実験ミスを認めました（読売 1991・6・3 東京朝刊 23頁）[040]。この盗用の直接の責任者であるミクラス・ポポビックについて、米国厚生省は「故意ではない」と結論づけています（朝日 1993・11・8 夕刊 9頁）。また研究公正局（Office of Research Integrity：ORI）は「不正を立証するのは不可能」とギャロに対する告発を取り下げました（朝日 1993・11・13 夕刊 9頁）。この「ミス」が故意だったか、過失だったかはいまだに闇の中です。
米国政府は、１９９４年7月、エイズ・ウイルスの第一発見者はフランスと公式に認め[041]、この問題は最終決着しました。これに伴い、検査薬特許料の分配もフランスに有利なように変更されました（まず双方が自分の国の売り上げ分の20％を取り、残りは合計した後パスツール研究所が50％、米国国立衛生研究所が25％、世界エイズ研究予防財団が25％を受け取る）。

ノーベル賞確実な発見といわれながら、紛争が続いていたためその授与はしばらく遅れ、ようやく２００８年のノーベル生理学・医学賞がフランソワーズ・バレ＝シヌシとリュック・モンタニエに与えられました。当然のことながらギャロは対象となりませんでした（読売 ２００８・10・12 東京朝刊 16頁）。ただしモンタニエ・チームでバレ＝シヌシの上司であったシャーマンは選から漏れました。その理由は不明です。シャーマンは翌年エイズ・ウイルス発見の功績をたたえられレジオン・ドヌール勲章を授与されています（朝日 ２００９・８・１ 夕刊 10頁）。

4 にせの人工元素

２０１５年12月、日本の理化学研究所の主任研究員森田浩介のグループが原子番号１１３の新元素を人工的に合成し、その命名権を得たことが報道されました（毎日 ２０１５・１・１ 東京朝刊 １頁）。この元素は後に「ニホニウム」と名づけられました[042]。またロシアのグループは１１４番元素「フレロビウム」、１１６番元素「リバモリウム」を合成しています。また１１５番・１１７番・１１８番元素もＩＵＰＡＣ（国際純生・応用化学連合）の承認待ちとなっています。

実は、１１６番・１１８番の元素は20年近く

写真 2-7　実験が行われたとされる加速器[043]

前に一度「合成」されていました。これは米国のエネルギー省ローレンス・バークリー研究所のグループによるもので、質量数208の鉛の標的に、質量数86のクリプトンのイオンを衝突させたところ、まず118番元素が、続いてこれが崩壊して116番元素が観測されたというものです（朝日　1999・6・9　夕刊　16頁）。

しかし、この追試を試みたドイツ、日本、フランスの実験が全部失敗したため、2001年4月、研究所では再実験を行いました。担当の研究員ヴィクター・ニノフ（Victor Ninov）はデータの中に118元素が存在する証拠データがあると主張しましたが、他の研究者はそれを確認できませんでした。そこで調査委員会を設置して調査したところ、ニノフのいうデータは存在しないことが判明しました。ニノフが1994年からこのような捏造を行っていた可能性も明らかになりました。また1999年の実験では、同僚がだれもデータのチェックを行わなかったことも判明しました。

2002年7月、同研究所はこの成果は捏造であると公式発表し[044]、論文も撤回しました。ニノフは解雇されました（朝日　2002・7・16　大阪夕刊　11頁）。

5 自分で埋めた旧石器発掘捏造

20世紀末の時代、世界で一番古い石器は、1997年にエチオピアのゴナで発見されたオルドワイ石器で、180万年前のものとされていました[045]。これらを作製したのは現在の人類の祖先ではなく、原人でもなく、猿人と思われます。

一方、それまで日本で一番古いとされていた石器は、1946年に民間の考古学者相沢忠洋が赤城山麓で発見したもので、約2万5000年前のものとされています。この遺跡は現在岩宿遺跡と呼ばれています。図2‐3でわかるよ

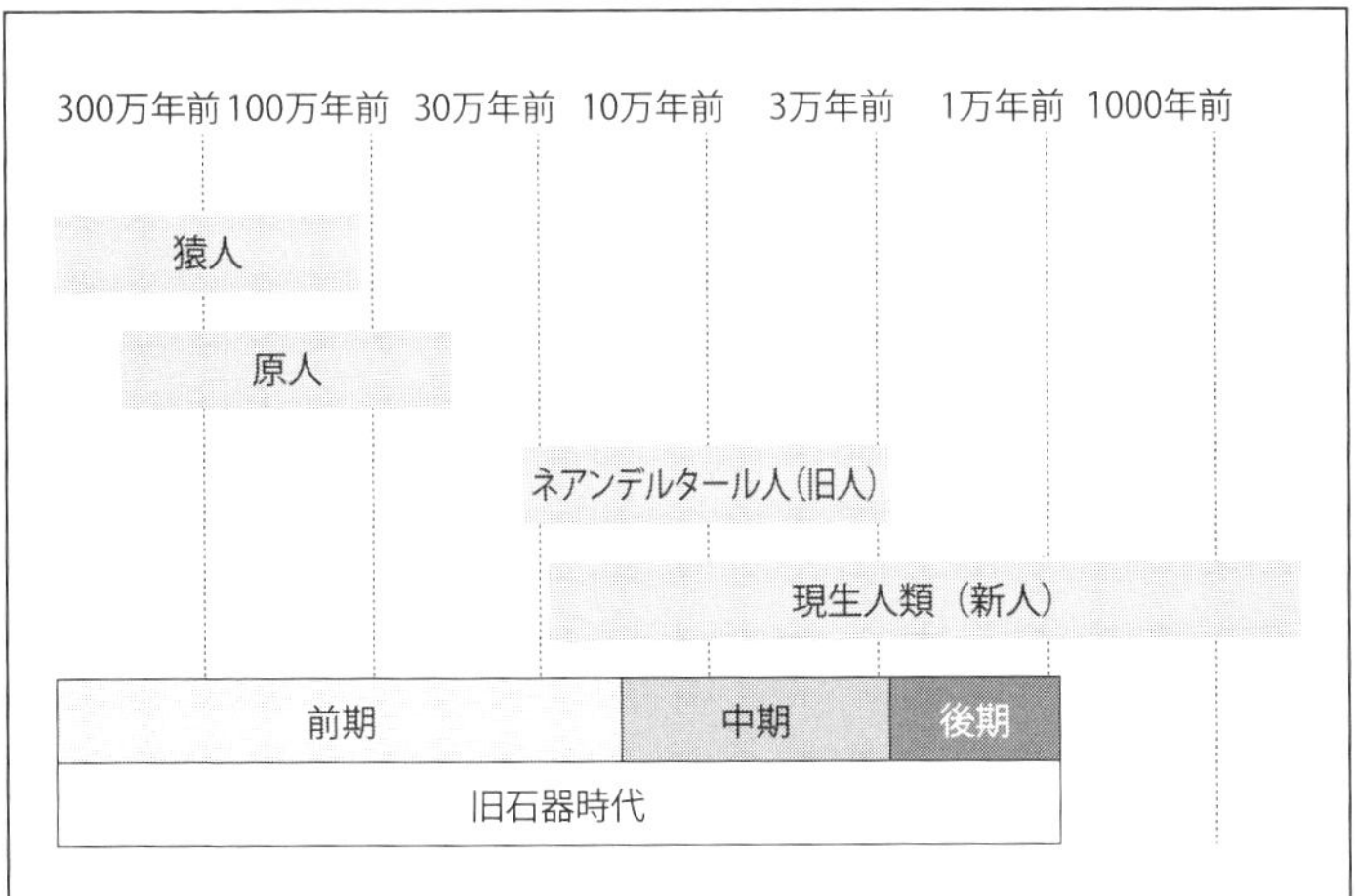

図2‐3　旧石器時代年代区分

うに、これは後期旧石器時代のものとされ、日本には中期または前期旧石器時代は存在しないというのが定説でした。

ところが、1981年9月、宮城県座散乱木《ざざらぎ》遺跡で発掘を行っていた東北大学考古学教室出身者らからなる「石器文化談話会」が3万年以前の地層から石器約40点を発見し（毎日 1981・9・2 朝刊 1頁）、10月にはさらに古い地層から石器48点を発見しました（毎日 1981・10・8 夕刊 1頁）。これにより日本にも前期旧石器時代が存在したという説が一気に有力になりました。その石器は約4万2000年前の地層から発見され、岡村らは「日本にも後期旧石器時代より古い文化が存在した」と報告しています。

この「石器文化談話会」東北福祉大学教授の梶原洋や岡村道雄（後に文化庁主任文化財調査官）らが中心となって1975年4月12日につくった団体ですが、ここで石器を発見したのは談話会に加わっていた藤村新一でした。藤村は仙台市内の高校を卒業後、独学で考古学の世界に入りました。毎日新聞旧石器遺跡取材班の『発掘捏造』（新潮社 2003）の25頁には、1981年の座散乱木遺跡における、藤村による発見の様子が紹介されています。

一〇月三日の土曜日、仕事を終えた藤村氏は午後、座散乱木遺跡に駆けつけてきた。さっそく移植ゴテを手に、約四万二〇〇〇年前の地層と推定されていた13層上面に向かった。

「『出たドー』。彼（藤村氏）の興奮した声が辺りを圧した。それを聞くや、しゃがんで火山灰に向きあっていたメンバーが、ワーッとばかりに集まってきた。彼のコテの先端には、小さなスクレイパー（掻器《形石器》）が現れていた。コテをにぎってわずか五分後のことであった」
（河合信和氏の『最古の日本人を求めて』（新人物往来社）からの引用）

1988年、「談話会」のメンバーにより高森遺跡が発見され、宮城県教育委員会の元、県東北歴史資料館が主体となって発掘が始まりました。1992年9月には「日本最古の約50万年前の石器」が発見され、「日本にも北京原人とほぼ同時代の原人が存在した」と発表されました。実はこの際見つかった石器45点の大部分は「談話会」が発見したものでしたが、宮城県教育委員会はこのことにほとんど触れなかったとのことです。ただし藤村は1992年、民間の研究者に贈られる「相沢忠洋賞」の第1回の受賞者となりました（後に返上）。

藤村らは、1992年8月に「東北旧石器文化研究所」（所長・鎌田、副所長・藤村、東北福祉大学教授梶原洋、講師横山裕平）を設立し、活動は徐々に「談話会」に置き換わっていきます。藤村は、独自の発掘活動に注力するようになり、1993年には高森遺跡の近くの上高森遺跡で40万年前の石器を発見しました。その後も秩父長尾根遺跡、北海道新十津川坂遺跡、福島県一斗内松葉山遺跡、秩父市小鹿坂遺跡、北海道下美蔓西遺跡など次々に発見を繰り返し、藤村はマスコミから「神の手」と呼ばれるようになりました。一斗内松葉山遺跡では、70万年前の石器の発掘に成功しており、世界レベルである100万年にも手が届く、といわれたようです。藤村らの発掘成果は表2-1のようになっています。

発掘年と推定年をプロットすると、図2-4のようになります。

伸び悩みの時期もありますが、1990年以降、ほぼ直線的に旧石器時代の「最古」が伸びていることがわかります。

しかし、しだいにこの発見について、あるうわさがささやかれるようになりました。これを聞きつけた毎日新聞が、2000年8月北海道新十津川町総進不動坂遺跡で発掘を行っていた藤村グループの張り込み調査を開始しました。この経緯を毎日新聞旧石器遺跡取材班の『発掘捏造』(新潮社2003)からまとめて紹介します。

取材班は、9月1日から5日まで、夜間発掘現場に張り込み、そこで藤村と思われる不審な人物の行動を目にしたものの、決定的な写真は撮れませんでした。

取材班は続いて埼玉県秩父小鹿坂遺跡の発掘にも張り込みましたが、やはり証拠を見つけることができませんでした。10月に行われた宮城県上高森遺跡発掘では、10月20日から張り込みを開始し、3日目の22日と27日の早朝、藤村が、発掘現場を掘って石器を埋めている現場を写真とビデオ

表 2-1　藤村新一の主な発掘成果

年月	都道府県	発掘場所	成果	石器の古さ
1980/9	宮城県	山田上の台 1 次	初の「前期旧石器」	5 万年前
1981/9	宮城県	座散乱木（ざざらぎ）3 次		3 万年前
1981/12	宮城県	北前		5 万年前
1983/9	宮城県	中峯 C		10 万年前
1984/10	宮城県	馬場壇 A2 次		13 万年前
1985/5	宮城県	馬場壇 A3 次		5 万年前
1986/5	宮城県	馬場壇 A4 次		13 万年前
1987/5	宮城県	馬場壇 A6 次		5 万年前
1987/7	東京都	多摩ニュータウン		5 万年前
1987/12	宮城県	柏木		13 万年前
1988/11	宮城県	馬場壇 A5 次		13 万年前
1990/8	福島県	大平 1 次		4.5 万年前
1992/8	福島県	竹ノ森 1 次		11 万年前
1992/9	宮城県	高森 3 次	日本最古の石器	50 万年前
1993/5	山形県	袖原 3.1 次		10 万年前
1993/11	宮城県	上高森 1 次		40 万年前
1994/5	山形県	袖原 3.2 次		15 万年前
1994/11	宮城県	上高森 2 次		57 万年前
1995/5	岩手県	ひょうたん穴 1 次		4 万年前
1995/8	福島県	原セ笠張 1 次		11 万年前
1996/5	岩手県	ひょうたん穴 2 次		5 万年前
1996/8	福島県	原セ笠張 2 次		13 万年前
1996/10	山形県	袖原 3.3 次		30 万年前
1997/8	福島県	原セ笠張 3 次		30 万年前
1997/10	山形県	袖原 3.4 次		30 万年前
1998/5	岩手県	ひょうたん穴 4 次		12 万年前
1998/9	北海道	総進不動坂 1 次		4 万年前
1998/11	宮城県	上高森 4 次	日本最古の石器	60 万年前
1999/5	宮城県	中島山 2 次		10 万年前
1999/5	岩手県	ひょうたん穴 5 次		10 万年前

年月	都道府県	発掘場所	成果	石器の古さ
1999/9	北海道	総進不動坂 2 次	北海道初の「前期旧石器」	20 万年前
1999/11	山形県	袖原 3.5 次		30 万年前
1999/11	宮城県	上高森 5 次		63 万年前
2000/1	埼玉県	小鹿阪		50 万年前
2000/3	福島県	一斗内松葉山		70 万年前

前・中期旧石器問題調査研究特別委員会編『前・中期旧石器問題の検証』日本考古学協会 2003　p. 532 の表 70 より年代が記載されているものを抽出して作成

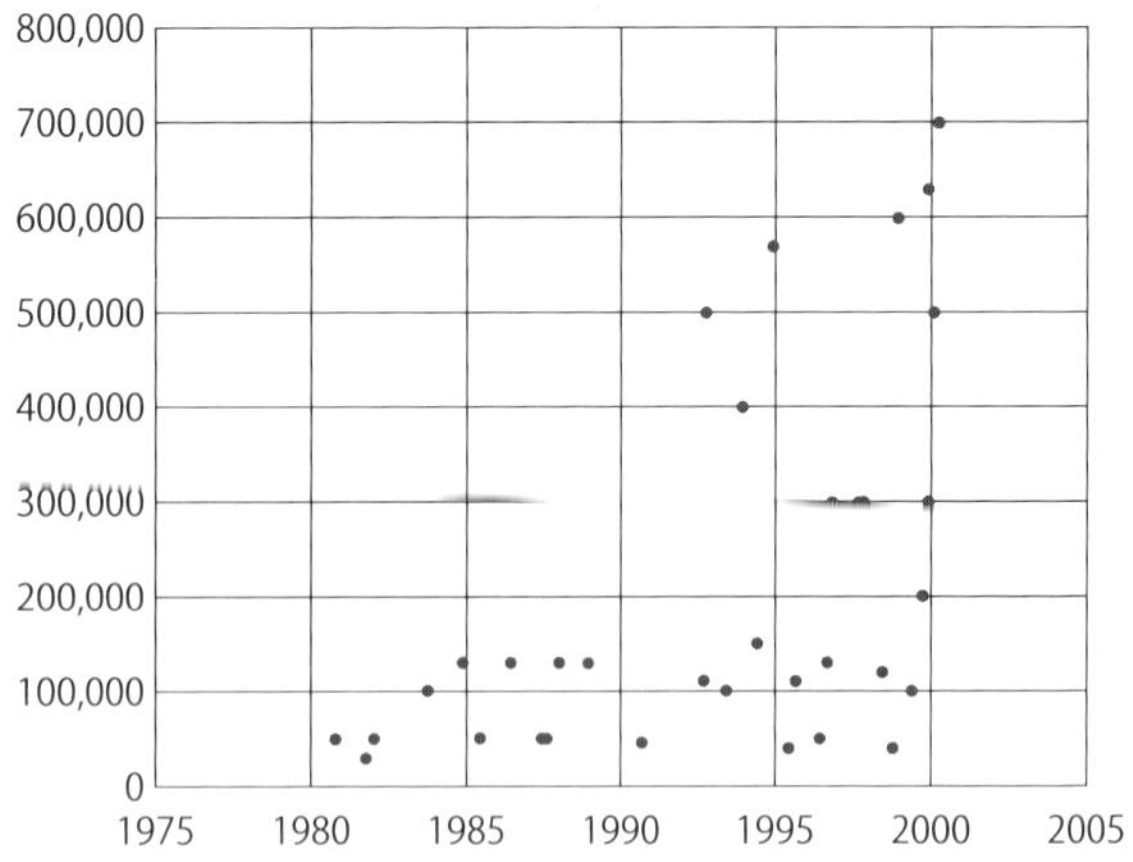

図 2–4　発掘年と石器の推定年

で撮影することに成功しました。

その後、藤村の「発掘」が行われたのち、11月4日に取材班は藤村に面会を求め、ビデオを見せたところ、彼は石器を埋めたことを認めました。毎日新聞は11月5日付の朝刊で「旧石器発掘ねつ造　調査団長の藤村新一氏、自ら埋める―宮城・上高森遺跡」との写真入りのスクープ記事を掲載しました（毎日　2000・11・5　東京朝刊　1頁）。この記事に書かれた捏造の経緯は次のとおりです。

藤村副理事長は調査3日目の22日午前6時18分、発掘現場に姿を現した。周囲を見渡しながら、しゃがみこみ、まず移植ゴテで地面に穴を掘った。続いて、着ていたマウンテンパーカのポケットから出したポリ袋から石器数個を一気に穴の中に落とし入れた。その石器を今度は右手で丁寧に並べ直し、埋め戻した。さらに、土をかぶせた上を左足で何度も踏みつけて固め、再び移植ゴテで地面が平らになるようにならした。同様の行為を少なくとも6カ所で行った。

この上高森遺跡については、その年見つかった6つの埋納遺構と石器31点のうち27点を埋めたことを認め、総進不動坂遺跡については、その年発掘された石器29点のすべてが捏造だったとの告白が掲載されました。

これにより、日本の石器の歴史は70万年前といわれていたものから、もとに戻ってしまったことになります。藤村はその後入院し、外部から連絡はまったくとれなくなっていましたが、毎日新聞はスクープから3年後に藤村へのインタビューを行っています。その中の一問一答は次のとおりです（毎日 2004・1・26 31頁）。

Q：石器を埋めた理由は
A：「みんなで楽しいことできればなあ」と。名声欲ではない。しんどかったですね、だんだん周囲の期待はエスカレートしたから。何回かやめたいと思ってました。
Q：やめたいと言えなかったのか
A：言えなかった。周囲の人やマスコミから注文が多くなった。ナイフ形石器がほしいとか、そんな注文が次第にエスカレートして20万、30万年前となる。今度は遺構がほしいと。それに応じていたんじゃないか。
Q：どうやって埋めたのか
A：分からない。病気のために当時の記憶がない。

（以下略）

この記事中で、京都女子大学教授の野田正彰（精神病理学専攻）は、「彼の話には真実もある。マスコミや周囲の期待に応えたかったというのは正直な気持ちだろう。しかし、徹底的に開き直れるほど悪人ではない。そういう人間を利用し、暗黙のうちにねつ造をそそのかした取り巻きや従来の旧石器考古学界こそ、この問題を引き起こした悪の主役だ」と語っています。

捏造発覚後のさまざまな動きについては同じ毎日新聞旧石器遺跡取材班の『古代史捏造』（新潮社２００３）に詳しく書かれています。日本考古学協会ではこの問題について「前・中期旧石器問題調査研究特別委員会」を設置し、その調査報告書[046]を２００２年5月27日に公表しました（毎日２００２・5・27 東京朝刊 1頁）[047]。調査報告書の6頁にあるように、藤村が関与した遺跡のうち検証が終わった30遺跡すべてについて「学術資料として扱うことは不可能」との結論でした。

藤村が「捏造した」と告白しているのは、１９８１年座散乱木遺跡の発掘以降の発見ですが、調査報告書では、捏造は１９７５年にまで、さらには１９７２年にまで遡る可能性があるとし、関与した１８６遺跡すべてが捏造と思われることを示唆しています。たとえば、5人からなる「談話会」の発掘結果（１９７５～２０００年）を詳細に調べた結果、藤村が参加していない時は発見率が平均15・7％、藤村がいたときは90・6％という、ちょっと信じがたい結果となっています。

この事件の余波は大きく、講談社は、藤村の業績を紹介している「日本の歴史」第1巻『縄文の生活誌』（岡村道雄）の販売を打ち切りました（毎日 ２０００・12・21 東京夕刊 13頁）。また高校日本史教科書会社5社は文部科学省に、この捏造事件の対象となった遺跡について記述の削除など訂正申請を行いました（毎日　2000・12・26 東京夕刊 9頁）。

当然のことながら、遺跡があるとされた自治体の混乱も大きいものがありました。高森遺跡の地元築館市では「原人の里」をアピールし、「原人まんじゅう」や日本酒「高森原人」「原人ラーメン」などを発売していました。小鹿坂遺跡があるとされた秩父市では、イメージキャラクター「秩父原人チプー」や「秩父原人祭り」などを企画して宣伝していました。これらはすべて中止されて、パンフレットやホームページも削除されることになりました。

理学部出身の筆者の立場からは、石器そのものの年代測定はできないのかという疑問があります。しかしこれは相当難しいようです[048]。「電子スピン共鳴法」は石器の中の放射線量を測定して、石器が熱を受けた年代を推定しますが、精度も低いようです。上高森遺跡の石器については大阪大学が「65万年前+−30万年」との分析結果を示しましたが、実際は捏造品（せいぜい1万年前）でした。また「熱ルミネッセンス法」は石器中の鉱物が宇宙放射線で損傷した量から年代を推定しますが、放射線が水でさえぎられるなどによりやはり精度が低いとのことです。

このように物理学的な年代測定が困難なことから、石器の年代測定にはいわゆる考古学的な方法が用いられます。その基本はどの年代の地層から発掘されたかということです。この様子は、松本清張の「石の骨」という短編にも書かれています。

逆に、捏造あるいは誤って混入した石器試料を判定するには、この捏造の調査でも用いられましたが次のような方法があります。

①付着して泥がその地層のものと一致するか。
②農機具などで新たにつけられた割れ（ガジリ）や付着した鉄分による褐鉄鉱はないか（それがあれば古いものではない）。
③石器を作製したときに飛び散るはずの破片が見つかるか。
④同時代または前後の時代の石器と形状が整合するか。

これらは藤村の発掘の再検証をする際に問題点として指摘されました。

そもそも藤村の発掘では、宮城県教育委員会が主体となって行った調査を除けば、発掘の詳細な報告書は公表されておらず、他の研究者が検証を行える状態ではありませんでした。これは考古学界全体の問題点であったといえるでしょう。

発掘を透明化しようという試みが進んでいます[049]。２００１年に長野県飯田市竹佐中原遺跡で行われた奈良教育大学教授長友恒人らの発掘調査では、

①遺跡のまわりに高さ１・８メートルのフェンスを張った。
②石器がわずかでも見えたらそこで中断し、写真を撮影する。さらに石器の全体の輪郭が現れた時点、掘り出した後の掘り跡と合計３回撮影する。

と、慎重な調査を行っています。また大阪大学の考古学研究室が２００１年に兵庫県川西市勝福寺古墳で行った発掘では、調査の様子を毎日インターネットで公開しました。この発掘ではデジタルカメラやビデオも使われており、撮影した映像を公開しています。インターネット公開は２００２年に行われた座散乱木遺跡の検証発掘でも採用されました。

なお、その後１９９７年にはエチオピアで２５０万年前の石器が[050]、２０１５年にはトルコで３３０万年前の石器が発見され[051]、世界の旧石器時代の歴史は大きく塗り替えられました。さらにネイチャー誌の２０１８年７月11日付の論文によると、中国陝西省上陳（シャンチェン）村の遺跡で２１０万年前の石器を発見したとのことで、これはアフリカ以外では最古のものです[052][053]。これはヒト属の１種であるホモ・エレクトスのものではないかと推測されています。

6 アニリール・セルカン事件

トルコ出身で東京大学大学院工学系研究科建築学専攻の助教アニリール・セルカン（Anilir Serkan）は「宇宙エレベータ」を作ろう、などと発言して一躍有名人となり、各地で講演活動を行ったり、マスコミにもしばしば登場しました。なお各記事では「セルカン」と書かれている場合と「アニリール」と書かれている場合がありますが、ここでは東京大学の公式発表にしたがって「アニリール」としました。日本科学未来館のホームページに記載されている略歴は次のようになっています[054]。

東京大学大学院工学系研究科建築学専攻　助教
1973年ドイツ生まれ。国籍はトルコ共和国。大学卒業までをドイツ、スイスで過ごし、1995年イリノイ工科大学建築学科卒業、1997年プリンストン大学数学部講師に就任。1999年バウハウス大学建築学科修士課程終了。2003年東京大学大学院工学系研究科建築学専攻博士課程を修了、日本宇宙航空研究開発機構（JAXA）宇宙科学研究本部宇宙構造物工学研究室講師を経て、現在、東京大学助教、エール大学客員教授などを務める。２００１年ＮＡＳＡジョンソンスペースセンター宇宙構造・材料系客員研究員として宇宙飛行士プログラムを終了、２００４年トルコ人初宇宙飛行士候補に選ばれる。宇宙エレベーター計画など、宇宙構造物に関する研究開発により、U.S Technology Award、ケンブリッジ大学物理賞及びAmerican Medal of Honorを受賞。

現在は先端技術を応用し、インフラに依存しないで暮せる空間技術（INFRA-FREE LIFE）を開発、研究しています。

ところが、２００９年10月21日、文部科学省宛てに科学研究費補助金実績報告書に虚偽記載

写真 2-8　アニリール・セルカン055

があるとの告発がありました[056]。この中で２００６年度の研究実績報告書に記載された発表文献１件について他サイトからの文章の盗用11件、発表文献１件については９件の図の盗用、発表文献１件については存在が確認できず、架空である、またその他写真の盗用などもあると告発しています。加えて、本人が主張している「U.S Technology Award、ケンブリッジ大学物理賞及びAmerican Medal of Honorを受賞」などの表彰歴、「トルコ人初の宇宙飛行士候補に選ばれた」などの事実が確認できない、「ＮＡＳＡで海中訓練中のセルカンさん」との写真も他人のものであるとしています。彼が任期付研究員として所属していた宇宙航空研究開発機構（ＪＡＸＡ）では記載された論文リストの一部をその後削除しました（日経　２００９・11・14）。

これを受けて、宇宙飛行士候補であると記されたトルコ運輸省の文書は「本物でない」とトルコ大使館に否定されたと報道されました。またＮＡＳＡもアニリールが示した訓練証明書は「書式が違う」として発行を否定したことがわかりました（朝日　２００９・11・14　朝刊　37頁）。

さらに11月29日には、東京大学に対して、アニリールの博士論文「宇宙空間で長期居住を可能にする軌道上施設に関する研究」に盗用があると告発がありました（文部科学者への告発文書の著者と同一人とみられる）。東京大学は告発に基づいて調査した結果、まず２０１０年３月５日に、論文における盗用を理由として博士号取り消しの処分を行いました（朝日　２０１０・３・６　朝刊　37頁）。

東京大学は、その後調査委員会を設置して調査を行い、２０１０年７月23日に調査報告書を発表しました[057]。それによれば、アニリールが平成18年度科学研究費補助金実績報告書に記載した論文のうち1件については盗用と判断できる箇所が9カ所、盗用の疑いがある箇所が7カ所、さらにほかの2件の論文は存在が確認できなかったとされました。さらに科学研究費申請段階で記載された論文1件については盗用と判断できる箇所が12カ所あり、加えて20件の論文は存在が確認できませんでした。さらに同大学教授の松村秀一との共著論文にも盗用と判断できる箇所が15カ所、疑いがある図表が7カ所存在しました。

これらの結果により、アニリールを懲戒解雇相当と決定、さらに科学研究費の返還と該当論文の取り下げを行うこととしました。

彼は画像盗用も頻繁に行っていたようです。著書『宇宙エレベーター――こうして僕らは宇宙とつながる』（大和書房　２００６）32ページに掲載された、「宇宙エレベーターに関する学会」で彼が発表したとされるＡＴＡ宇宙エレベーター計画図（ＡＴＡという名前はトルコ建国の父、ケマル・アタチュルク（Ataturk）にちなんだ）は、米国のディスカバー誌に掲載されたブラッド・エドワーズ（Brad Edwards）の宇宙エレベータの想定図とそっくりです。この学会（ISEC Space Elevator Conference）は実在しますが、彼が参加した年は著書には明記されていません。

アニリールによれば、その後彼はＮＡＳＡの「宇宙エレベーター計画」の一員となったと称しています。また同書の35頁には彼が設計したとする「イスタンブールＥｘｐｏタワー」の図が掲載され

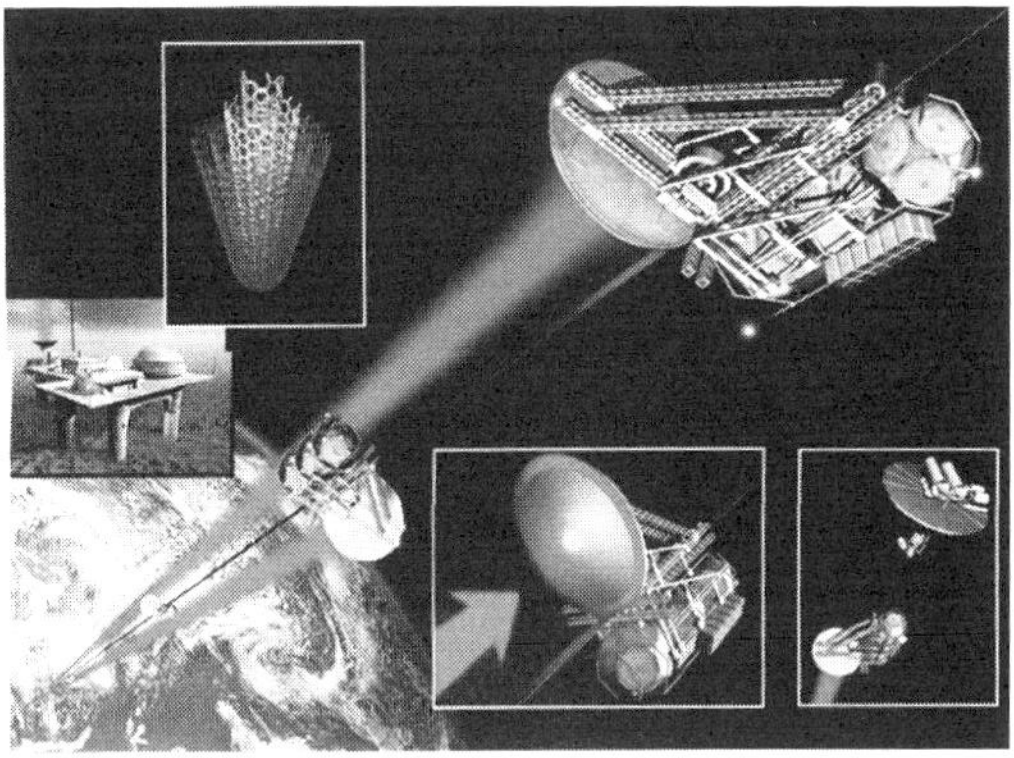

この図はアニリール・セルカン『ポケットの中の宇宙』（中央公論新社 2009）の 46 頁でも使われています。

図 2-5　ATA 宇宙エレベーター計画図[058]

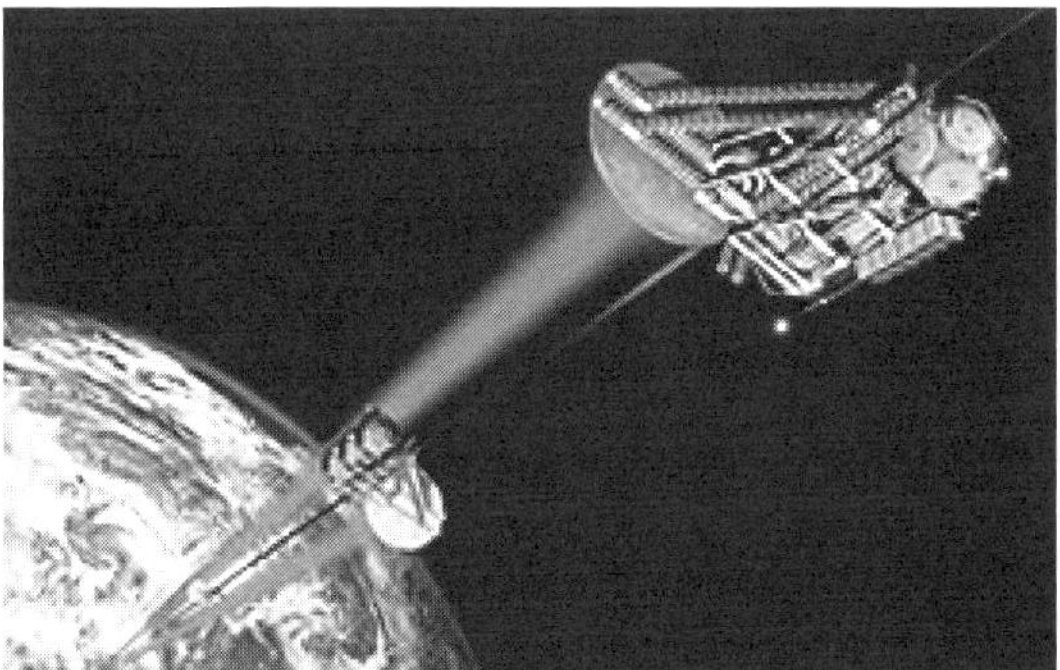

図 2-6　ディスカバー誌に掲載されている図[059]

図 2-7　著書本人の設計による、全長 2km のイスタンブール Expo タワーの提案[060]

図 2-8　ツイ・デザイン研究所のホームページにある図[061]

ていますが、これも米国のツイ・デザイン研究所のホームページにある図[062]と酷似しています。

さらに『ポケットの中の宇宙』（中央公論新社　２００９）には「ＮＡＳＡの訓練の写真」と称するものが多数掲載されていますが（55・59・60・61頁）、ＮＡＳＡでの訓練が事実でないなら、当然これらの写真も捏造か盗用と考えられます。

この事件が発覚したのち、館林市の「向井千秋記念子ども科学館」では、上映していた科学番組「宇宙エレベーター―科学者の夢みる未来」（アニメーション）を、アニリールが監修していたため上映を取り止め（朝日　２０１０・３・１、朝刊、35頁）、和歌山県串本町では委嘱していた「串本大使」を解任（読売　２０１０・３・17　朝刊　35頁）するなど波紋が広がりました。彼が執筆した中公新書ラクレの『ポケットの中の宇宙』は絶版となりました（毎日　２０１０・３・６　東京朝刊　28頁）。

このような、ほとんど独演会といってよい経歴捏造と論文捏造・盗用が長期にわたって行われたことについては、大学の責任もさることながらマスコミの責任も大きいと思われます[063]。知的な風貌の外国人で東京大学の助教の肩書きをもつというアニリールに、コロッとだまされたマスコミからは、反省の声はあまり聞かれません。「うまい話には裏がある」とは仕事の世界だけでなく、「面白い話には裏がある」とマスコミの取材でもいえることではないでしょうか。

なお本人はその後居所不明です。

7 森口尚史事件

京都大学教授山中伸弥がノーベル生理学・医学賞を受賞したのは２０１２年10月ですが、それに先立つ２００９年11月、読売新聞は、ハーバード大学の研究員が、山中の手法を用いて作成したヒトｉＰＳ細胞をマウスに移植したところ、ウィスコンシン大学の手法よりもがん化が少ないことがわかった、と報じました[064]（読売２００９・11・29朝刊　２頁）。また、２０１０年５月には、同紙は東京医科歯科大学のグループと共同で、ｉＰＳ細胞を副作用実験に使うことにより、Ｃ型肝炎の治療薬を効果的に見つけることに成功したと報道しました[065]（後に同大学はｉ

写真 2-9　森口尚史[066]

PS細胞を使った実験が行われた事実はないと否定しています）（朝日 2012・12・29 朝刊 37頁）。

さらに、2012年7月には、森口の発表として、女性がん患者の卵巣の一部を凍結保存し、がん治療の約4年後に解凍したところ、体外受精によって妊娠が確認されたとの記事（読売 2012・7・28 朝刊 2頁）も掲載されました。がん治療の際の抗がん剤投与により、女性患者が不妊になることがあるので、この方法はそれを防ぐうえで有効と考えられました。これらの成果はネイチャーのプロトコル・エクスチェンジ誌[067]に発表されたと報道されました。ただし、この時点では、森口はまだ全国的な話題にはなっていませんでした。

森口が突然脚光を浴びたのは、山中のノーベル賞受賞直後の2012年10月11日、読売新聞が朝刊1面トップで、「iPS心筋を移植 発の臨床応用」として森口の研究を報じたことによります（読売 2012・10・11 朝刊 1頁）。彼はiPS細胞から心筋細胞を作成し、重症の心不全患者6人に細胞移植したと発表しました（読売 2012・10・11 夕刊 1頁）。最初の患者はすでに退院し、約8か月後の現在も元気だとのことでした。この研究はハーバード大学の倫理委員会から「暫定承認」を得ているとも報じられました。同日夕刊には、彼へのインタビューが写真入りで掲載されました。

事件が暗転したのは、その翌日でした。ハーバード大学は、森口との関係を否定し、治療について倫理委員会が承認したという事実もないと説明しました（朝日 2012・10・12 夕刊 13頁）。ハーバード大学のスポークスマンは、森口は１９９９年から２０００年にハーバード総合病院に訪問研究員として在籍したが、その後は大学とは何の関係もないと述べました。森口は、11日にニューヨークの幹細胞に関する国際会議にポスターを掲示していましたが、本人は現れず発表中止となり、ポスターは事務局によって撤去されたとのことです（読売　２０１２・10・12　朝刊　1頁）。

森口は翌々日の13日にニューヨークで記者会見を行い、6件の手術のうち5件は「ウソ」と認めました（読売　２０１２・10・14　朝刊　1頁）。この生々しいインタビューの様子はユーチューブに掲載されています[068]。ただし残りの1件は昨年6月に行ったと主張し、手術の場所も最初に述べたマサチューセッツ総合病院でなく、「ボストン市内の別の病院で行った」と訂正しました。

森口は２０１０年に東京大学病院の特任研究員として採用され、日本学術振興会の先端研究助成基金助成金から人件費月45万円が支払われていたそうです。また東京大学において、内閣府のプロジェクト、「最先端・次世代研究開発支援プログラム」にも関与していました。さらに森口の論文については東京医科歯科大学の教授、杏林大学の講師が共著者であったことから、東京大学病院、東京医科歯科大学、杏林大学が相次いで調査を行いました。その結果、東京大学病院は森口を虚偽発表の理由で直ちに懲戒解雇としました（読売　２０１２・10・19　夕刊　18頁）。

19本もの論文で共著者であった東京医科歯科大学教授の佐藤千史は、「別の共著者が専門性の高い内容を担っている」との森口の話を信じて内容については十分把握せずに共著者となったと述べています（読売　２０１２・10・15 夕刊 12頁）。佐藤は後に停職２カ月の処分を受けました（朝日　２０１２・12・29 朝刊 37頁）。その後ネイチャー社は森口の論文から共著者の名前（興津太郎、井原茂男、大田佳宏）を削除したと発表しました（朝日　２０１２・10・17 夕刊 10頁）。

東京大学では調査委員会を設置して調査した結果、森口が大学勤務時に発表した論文・投稿14本に不正があったと認定しました（読売　２０１３・９・21 朝刊 38頁）。このうち１件については盗用が認定されましたが、そのほかの論文については「本学からの再三の要求にもかかわらず、森口尚史氏から生データや実験ノートなど実験の事実を証明する書類等が提示されなかったため、森口尚史氏による不正行為（捏造、改竄、又は盗用）の存在を全て確認することはできなかった。しかしながら、森口尚史氏がこのように説明責任を果たさないことは、本学規則２に定める「証拠隠滅又は立証妨害」であると認定したものです」としています。共同執筆者の助教三原誠についても監督者としての責任を認定しました。

この事件でなぜ読売新聞（と共同通信社）だけがだまされたのか、同紙はその後、検証記事を発表しています。一つには、森口が「ハーバード大学客員講師」と名乗っていたが同大学に確認をとらなかったこと、「東京大学病院特任研究員」という肩書きを信用してしまったことが挙げられます。もう一つには、同紙が学術論文誌の仕組みを十分理解していなかったことがあります。森口は、自分の論文はネイチャー・プロトコル誌に投稿したと主張していました。同誌は査読誌ですが、実際に森口が投稿したのは、査読のないプロトコル・エクスチェンジ誌というリポジトリでした。読売新聞はその違いに気づきませんでした。

朝日新聞の記事（朝日　2012・10・13　朝刊　39頁）によれば、同紙は9月30日に森口から「世界初のヒトiPS細胞の臨床応用例だ」とのメールを受け取り、10月3日に東京大学病院内で取材しています。しかし渡された論文の草稿にはiPS細胞の研究者や臨床医の名前がなく、移植手術の実施場所も明記されていなかったといいます。その際森口は「東京大学の特任教授」と名乗りましたが、調べてみると実際は「東京大学病院の特任研究員」でした。こうしたことから、朝日新聞の記者は話の信頼性が低いと判断したと書いています。日経新聞、毎日新聞も記事化は見送りました。テレビ朝日は11日夕方のニュースで森口の発表を報道しましたが、翌日森口へのインタビューを放映して、「治療そのものがなかった可能性もある」として前日の報道を修正しています。

森口は、その後「自分が大事と思ってるのが新聞社だけでは伝わらないこと」を伝えるとして、ブロマガ「森口尚史のブロマガ「医学報道の光と闇」」を公開していましたが[069]、2013年7月17日を最後に更新が止まっています。

8

STAP細胞事件

２０１４年1月29日、理化学研究所（以下理研）は同研究所発生・再生科学総合研究センター（ＣＤＢ）ユニットリーダーの小保方晴子がまったく新しいタイプの万能細胞を作製したと記者発表を行いました。この細胞はＳＴＡＰ（刺激惹起性多能性獲得：Stimulus–Triggered Acquisition of Pluripotency）と名づけられました。実験では、マウスの脾臓から取り出したリンパ球を弱酸性液に25分浸したのちに培養するというものです。この成果は同日発行のネイチャー（電子版）でもトップに掲載されました[070,071]。

万能細胞としては卵子に由来するＥＳ細胞

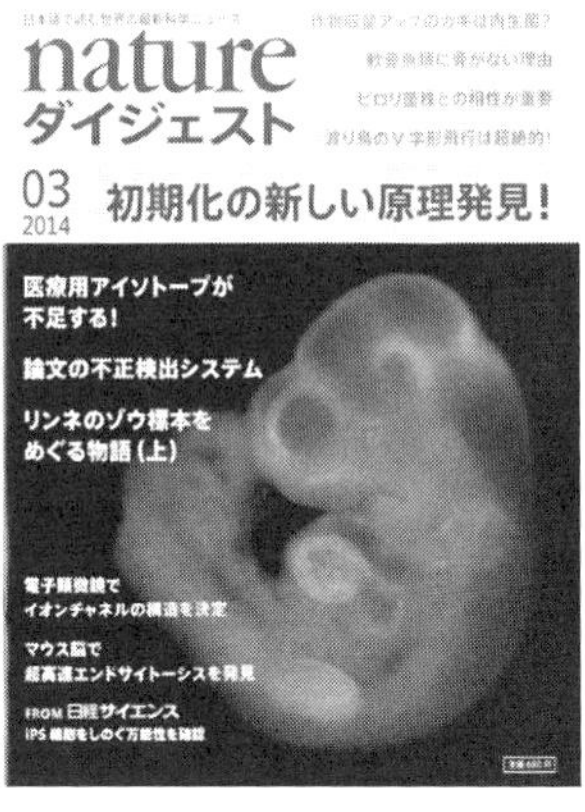

図 2–9　「ネイチャーダイジェスト」の 2014 年 3 月号の表紙に掲載された小保方論文の写真

（Embryo Stem Cell：胚性幹細胞）と京都大学教授の山中伸弥が作製に成功したｉＰＳ細胞がありますが、ＳＴＡＰ細胞はその作り方が簡単で、万能細胞の実用化にとって大きな飛躍と考えられました。小保方は割烹着姿で実験室を動き回るなど、意表をついたプレゼンテーションでマスコミの話題をさらいました。

ところが、この劇的な記者発からわずか20日たらずの2月14日に日付が変わってすぐ、画像データについての疑惑がネットで流れました[072]。

疑惑画像5：Fig1b最右画像とFig2g下画像の胎盤部分だけが、なぜか互いに類似しています。しかも2つの画像の実験条件は互いに異なっています。前者はＳＴＡＰ細胞のキメラマウス、後者はＦＩ‐ＳＣのキ

写真 2–10　理研の小保方晴子（朝日新聞社提供）

メラマウスの写真です。

この指摘は、異なる状況で撮影されたとする2枚のマウスの胎盤の写真が酷似しているというものです。図2-10の2枚の写真は、向きは違っていますが、胎盤（茶色の縁がある円形の組織）の部分が酷似しています。

この際同時に次の指摘もありました[073]。

疑惑画像3：Figure1のiのレーン3と、レーン2、4の間に境界線が認められ、この電気泳動画像は複数のレーン画像を切り貼りして合成したものであることが示唆されます。

この日（2月14日）の理研の混乱の様子は、

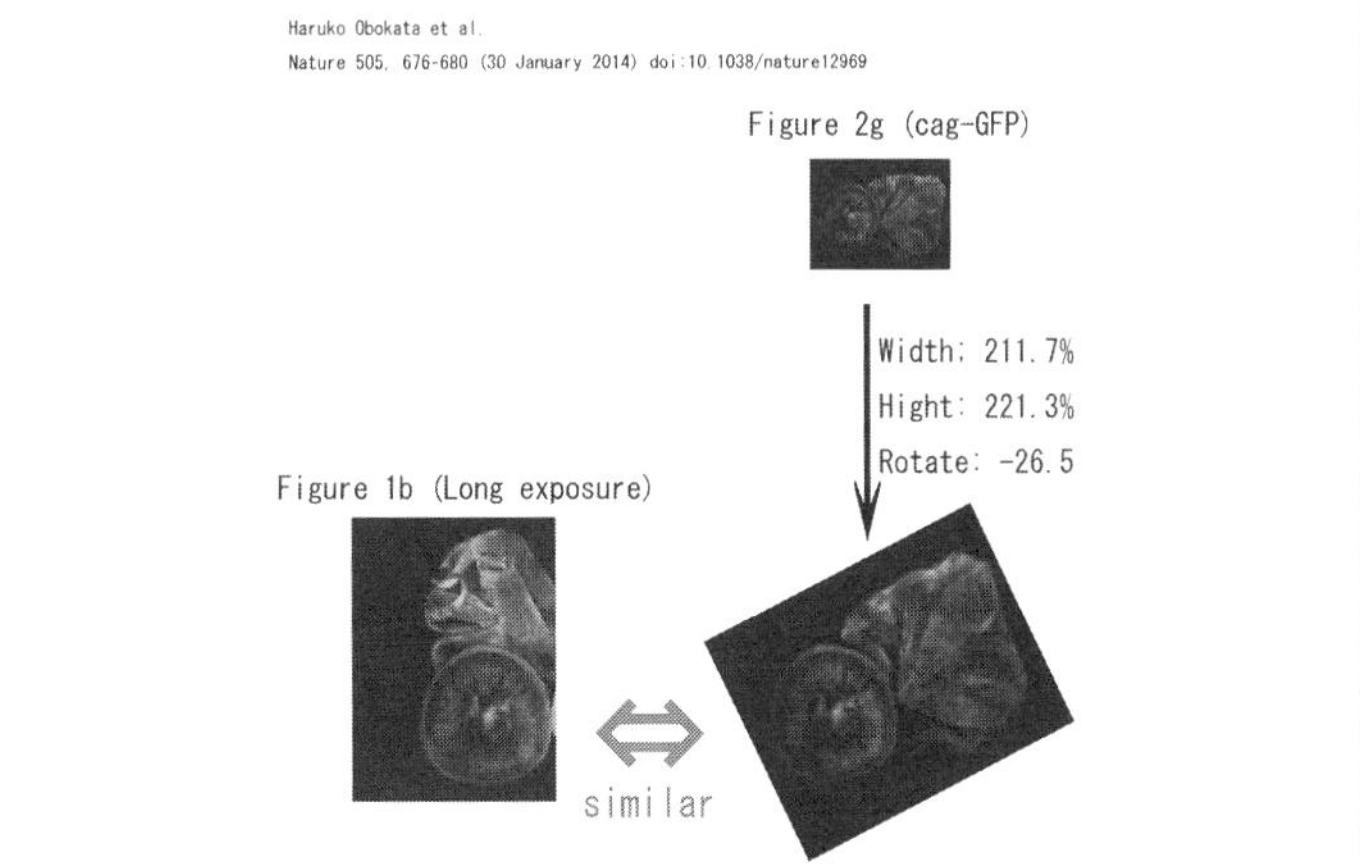

図2-10　Fig1bとFig2gの写真が傾きが違うだけで酷似している

須田桃子の『捏造の科学者―STAP細胞事件』（文藝春秋　2015）になまなましく書かれています（38〜39頁）。

> 理研本部（埼玉県和光市）の広報室にかけ直すと、担当者は、「ネイチャーの論文については問題ないと考えています。引き続き確認作業をしています」と答えた。（中略）
> 「現時点で『問題ない』という根拠は」
> 「研究室から問題ないという答えがきているので……」
> 「小保方さんの研究室からですか」
> 「いえ、私には分かりません」

この時点ですでに理研では外部の専門家を含

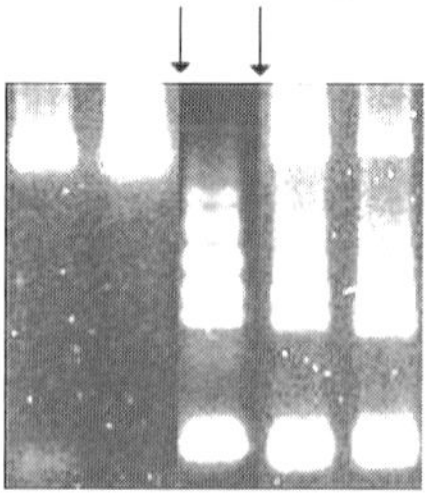

図 2-11　矢印のところに不自然な直線が見える

めて予備調査を開始していたようです。小保方側は、「単純ミス」で画像を取り違えたと釈明しました。

この問題を最初に報じたのは毎日新聞でした。2月15日朝刊では「万能細胞：STAP論文、理研調査「画像が不自然」の指摘受け」との見出しで、理研が14日に調査を開始したことが報じられました（毎日 2014・2・15 朝刊 2頁）。この件は朝日新聞でも17日に記事になりました（朝日 2014・2・17 夕刊 14頁）。さらにネイチャー誌も17日に調査を始めたと両紙で報道されました。共著者である山梨大学教授の若山照彦は18日に「単純ミス」で画像を取り違えた、マウスの胎盤の写真も「同じマウスを違う角度から撮った2枚の写真を使ってしまい、一方の削除を忘れた」と説明しました（朝日 2014・2・19 朝刊 37頁）。

さらに、3月8日には小保方の早稲田大学における博士論文の画像を使い回ししたのではないかとの疑惑もツイッターに流れました[074]。

疑惑画像2：小保方晴子氏の Nature Article 論文の Fig. 2d 下段のSTAP細胞由来テラトーマ免疫染色画像と、小保方晴子氏の博士論文の Fig. 11 下段の骨髄 sphere 由来テラトーマ免疫染色画像が、類似しており、不正な画像の流用が疑われます。

図2-12の左がネイチャー論文（2014年）、右が博士論文（2011年）です。

3月10日、若山は、論文に疑問点が多いとして、他の著者に撤回を提案したと発表、NHKの午後7時のニュースで報道されました。若山は小保方から受け取ったSTAP細胞を使ってキメラマウスを作製することを担当していました。そこで緑色に光るキメラマウスができたと報告していたのですが、若山は、「自分がやった実験が何だったのか、分からなくなった」と毎日新聞の取材に説明しています（毎日 2014・3・11 大阪朝刊 28頁）。若山は、それがST

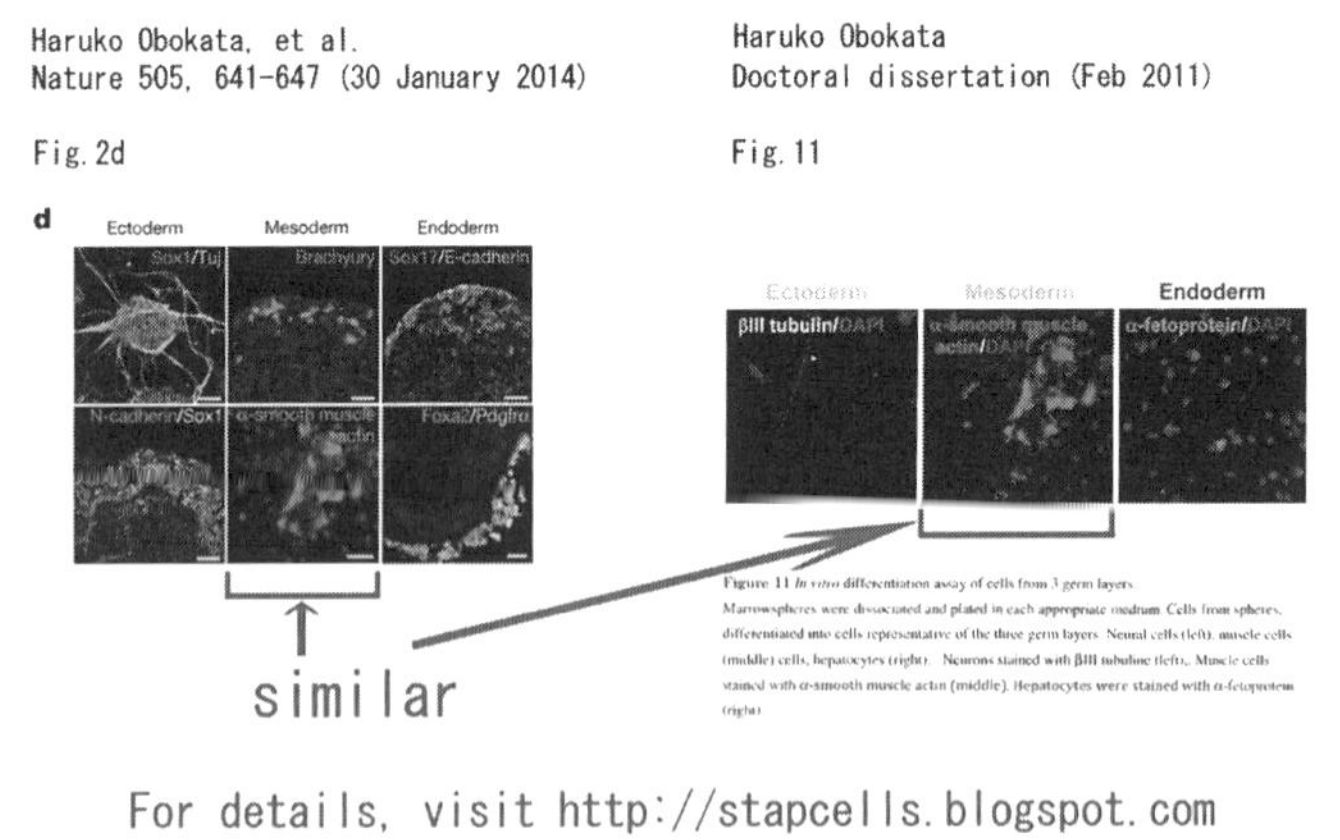

図2-12　ネイチャー論文（左）と博士論文（右）

AP細胞でなく、ES細胞だったかもしれない、とも語っています[075]。

これに対し、小保方、CDB副センター長の笹井芳樹も撤回に同意しましたが、ハーバード大学教授のチャールズ・バカンティ（Charles Alfred Vacanti）は反対していると伝えられました（朝日 2014・3・14 朝刊 1頁）。こうした中で理研は3月14日に調査の中間報告を行い、論文に「重大な過誤がある」と認めました（朝日 2014・3・15 朝刊 1頁）。STAP細胞は発表から2カ月たたないうちに完全に白紙に戻ったことになります。

理研は4月1日に最終調査報告を公表し、次の点から小保方に「不正行為があった」と結論づけました（朝日 2014・4・1 夕刊 1頁）。

①博士論文画像と酷似 → 捏造にあたる
②遺伝子解析画像の切り張り → 改竄にあたる
③実験手法の技術が海外論文と酷似 → 不正ではない
④実験手法の一部が実際の手順と異なる → 不正ではない
⑤STAP細胞の画像のゆがみ → 不正ではない
⑥胎盤の画像が酷似 → 不正ではない

なお調査委員会に提出された小保方の実験ノートは3年間の研究に対してわずか2冊であり（朝日 2014・4・3 朝刊 34頁）、調査委員会は「科学に対する誠実さ・謙虚さの欠如」と批判しています。

さらに小保方の博士論文でも画像の使い回しなどが指摘されました。早稲田大学ではこれを受け、2014年3月26日に調査委員会を設置しました（朝日 2014・3・27 朝刊 37頁）。その報告書は7月17日に発表され、文章の盗用による著作権侵害等が11カ所あった、ただし論文のもとになった実験は実際に行われたと考えられる。論文の信頼性・妥当性は低く、学位授与には相当しない、ただし学位取消には当たらない、としています。論文を審査した教授らについては審査員としての義務違反があるとしました。

一方、理研において調査委員長を務めた上級研究員石井俊輔の論文に画像の使い回しがあったとの指摘があり、石井は委員長を辞任しました（読売 2014・9・20 朝刊 38頁）。これについては故意ではなく過失だったとされています。しかし、広く研究者の間で論文執筆における倫理感が欠けていることが、図らずも明らかになりました。

理研は4月1日から1年間程度、特別顧問相沢慎一が総括責任者、プロジェクトリーダー丹羽仁史が実験担当となり、ＳＴＡＰ細胞が実際に作製できるかどうかの再現実験を行うこととなりました（朝日　２０１４・４・３　朝刊　28頁）。当初は免職などの処分も検討されていた小保方は参加していませんでしたが、当時の文部科学大臣下村博文の異例の要請（朝日　２０１４・６・６　夕刊　10頁）もあり、７月から独立した実験室で実験に参加することになりました（朝日　２０１４・７・２　夕刊　13頁）。なお、この7月2日には該当するネイチャー論文は撤回となりました。

この検証実験は1年間の予定でしたが、２０１４年12月19日、理研がＳＴＡＰ細胞の存在は確認できなかったと報告し、繰り上げて実験を終了しました（朝日　２０１４・12・20　朝刊　1頁）。実験に使った細胞塊は１８００個余り（小保方１６１５個、丹羽チーム２４４個）でしたが、ＳＴＡＰ作製の証拠となるキメラマウスの作製に成功しませんでした。小保方は12月21日付で退職しました。12月26日に行われた理研の調査委員会の報告では、論文でＳＴＡＰ細胞から作られたとされる細胞は、遺伝子解析などの結果により、すべて既成のＥＳ細胞に由来していることがわかったとして、どこかでＥＳ細胞が混入したものと認定しました。ただし、どうして混入したかについては不明としています。

海外のチームでも検証実験を行いましたが、再現できなかったとの報告が発表されています。[076]

論文の執筆に助言したとする笹井は4月16日に記者会見を行い、論文の不手際について謝罪しましたが、ＳＴＡＰ細胞は存在するとの立場を守りました。しかし、その後8月4日、笹井は自殺しました。その原因のひとつとして、7月27日に放映されたＮＨＫスペシャル「調査報告 ＳＴＡＰ細胞 不正の深層」で個人メールまでさらされて暗に批判されたことがあるとする意見もあります。

このＮＨＫの番組については、２０１７年2月10日、放送倫理・番組向上機構（ＢＰＯ）が「小保方の名誉を傷つける人権侵害があった」と認定しました。番組の編集で、「小保方氏がＥＳ細胞を「盗み」、それを混入させた細胞を用いて実験を行っていた」との疑惑があるとしており、この疑惑には「真実性・相当性が認められず、名誉棄損の人権侵害が認められる」としています（朝日２０１７・2・11 朝刊 38頁）。ＮＨＫでは人権侵害を否定しています。

事件の科学的な検討と並行して、理研は新構造材料技術研究組合理事長岸輝雄を委員長とする改革委員会を4月に設置しましたが、その提言が6月12日に公表されました（朝日 ２０１４・6・13 朝刊 1頁）。これによれば、小保方の採用手順がずさん、笹井は秘密主義であった、などを指摘、小保方が所属するＣＤＢを解体すべきである、としました。

「採用手順がずさん」だったかもしれませんが、研究機関としては優れた人がいれば手段を選ばず採用することにより活力が得られます。それは民間会社と同じです。また「秘密主義」は世界のトップに立とうとする研究にはつきものです。どちらの批判も、もしＳＴＡＰが成功していたら、結果オーライで、逆にその採用手順が「理研の素晴らしさ」として激賞されたのではなかったかという気がします。

政府は、捏造の発覚する直前、1月31日に、理化学研究所を「特定国立研究開発法人」に指定することを発表し、日本の科学研究の目玉にしようとしていました（毎日　２０１４・１・31　東京夕刊　13頁）。上記の厳しい提言の裏には、ＳＴＡＰ問題を早期に処理し、理研を既定方針どおり国際研究所として再出発させようとする政府・文部科学省の強い意志が見え隠れします。

なお、捏造がネットで報じられた後の全国紙新聞報道は毎日が先行し（2月15日）、朝日がそれを追う（2月17日）結果となりました。しかし読売はしばらく後（3月2日）まで報じませんでした。読売は２０１２年の森口誤報事件で慎重になったとも考えられます。

小保方論文に関しては、他人の論文の文章を借用しているとの指摘もかなりありました。しかし、文学作品と異なり、学術論文では、文章そのものには創作性は少なく、著作性はないとの考え方があります。実際、類似のテーマの論文を書くときに他人の文章を参考にすることはしばしばあります。したがって、この点は不正にあたるとは即断できません。後でまとめて説明します。

第3部

データの改竄・捏造

ここ10年前後に起きた重大な改竄・捏造事件について紹介します。

1 大阪大学教授 下村伊一郎事件

２００５年５月19日、大阪大学医学系研究科教授（内分泌代謝学）下村伊一郎は、２００４年に英国医学誌ネイチャー・メディシンに発表した論文[077]において、主執筆者の医学部学生（６年）がデータとなる画像の一部を捏造して使っていたと発表しました。この論文はPtenという酵素を働かなくしたマウスを遺伝子的改変で作製するとインシュリンの効果が高まる、というものでした。しかしデータに捏造があるということがわかり、調査委員会が設置されました（朝日 ２００５・５・20 大阪朝刊 29頁）。新聞報道ではこの学生は画像を捏造したことを認め、「データの提出を急がされ、徹夜で心神喪失状態にあった」と申し立てた（朝日 ２００５・５・28 大阪夕刊 10頁）。さらに下村は記者会見で、「マウスそのものがいなかった疑いがある」と述べています（朝日 ２００５・６・３ 大阪夕刊 ６頁）。この論文は著者が「再現性がなかった」として取り下げを申し出て、撤回となりました。

調査委員会は捏造があったことを認定し、大阪大学は学生を指導していた教授竹田潤二を停職１カ月、下村を停職14日とする処分を行いました（朝日 ２００６・２・16 大阪朝刊 38頁）。

ところが学生は「捏造した事実はないのに一方的に誤った事実を発表された」と竹田と下村を提

訴しました（朝日 2006・2・17 朝刊 37頁）。この学生の請求は棄却となっています（朝日 2008・12・27 夕刊 10頁）。

話はこれで終わらず、同大学医学系研究科は、2007年6月14日下村の別の論文[078]も「実験がずさんで不備があり不正の疑いがある」として撤回を勧告しました（朝日 2007・6・15 大阪朝刊 1頁）。下村は不正はないと反論していたが、結局取り下げに同意しました（朝日 2007・10・26 大阪朝刊 33頁）。

2

東京大学教授 多比良和誠事件

RNA研究の第一人者、東京大学大学院工学系研究科教授の多比良和誠の論文12件について、「再実験で同様の結果が得られない」と、日本RNA学会に内外からクレームが寄せられ、学会は2005年4月1日東京大学に対して実験結果の再現性に関して調査依頼を行いました[079]。

9月13日、東京大学は、このうちネイチャー誌などに掲載された4本の論文[080]について、「実験結果の信頼性に問題がある」との調査結果を発表しました[081]（読売 2005・9・14 東京朝刊 37頁）。多比良は調査委員会から論文内容を裏づける資料の提出を要求されましたが、実際に実験を行った助手川崎広明が実験ノートを保存していないことが判明し（読売 2005・12・30 大阪朝刊 24頁）、またデータを収めていたパソコンは壊れたと説明しました（朝日 2006・1・28 朝刊 2頁）。多比良は2本の論文について再実験を行ったものの、調査委員会は再現性はなかったと結論づけました（朝日 2006・1・27 夕刊 1頁）。なおこの再実験の際、川崎は再実験によってできることになっている酵素を別途購入していたことも判明しました（読売 2006・3・30 東京夕刊 22頁）。

東京大学は2006年12月27日、多比良と川崎を懲戒解雇としました（読売 2006・12・28 東京朝刊 1頁）。この事件では、実際に捏造を行ったのは川崎とみられますが、大学の処分理由では、「責任著者として論文の科学的な信頼性について最も重い責任を負い、論文の発表に関する最大の権限を有する立場にありながら」「提示された実験の結果について、その生データを系統的にチェックすることもなかった」として、前例のないきわめて重い処分を行いました。

多比良は懲戒解雇は不当だとして訴えましたが、一審・二審とも懲戒解雇を認めています。多比良は産業総合研究所のジーンファンクション研究センターのセンター長も兼務していましたが、それも解雇されました（読売 2006・3・29 東京朝刊 38頁）。

3 理研データ改竄事件

理化学研究所は、副主任級研究者ら2人が血小板が作られるメカニズムについて発表した論文2件にデータの改竄があったとして、またほか1篇にも疑いがあるとして、論文取り下げを命じたうえで記者発表を行いました（朝日 2004・12・24 夕刊 19頁）。この研究員は9月に勧奨退職しましたが、そのうち1名がその後名誉棄損を主張して提訴していました。2010年4月に、この研究員と理研の間で和解が成立し、理研はウェブサイトの該当ページを削除しました。その研究員は共著者として不正を見抜けなかったが、不正に積極的にかかわったわけではなく、理研側の発表内容が不適切であったことが理由です（毎日 2010・4・7 朝刊 14頁）。

4 東京大学分子細胞生物学研究所教授 加藤茂明グループ事件

東京大学分子細胞生物学研究所教授の加藤茂明は遺伝情報を制御するレセプターの研究で著名な分子生物学者で、著名誌に多数の論文を発表していました。２０１１年12月29日、「東京大学 分子細胞生物学研究所 加藤茂明グループの論文捏造、研究不正」[082]というウェブサイトから、加藤のグループが発表した24論文に、68件もの画像の合成、反転・複製、などの不正処理があると告発しました。このサイトを作成したJuuichiJigenがまとめた捏造・改竄が疑われる画像のビデオ[083]を見ると、図3-1のような例があります。

この問題は日本ではすぐには話題にならず、最初サイエンス誌など海外で報道されました[084]。サイエンス誌のインタビューに答えたJuuichiJigen（生命科学者）は、疑念を抱いたのは、２０１１年に加藤の２００９年にネイチャー誌に掲載された論文の訂正論文が出版されたことがきっかけである、と述べています。そこでは多数の重複画像や改竄された画像が指摘されていたので、彼は同僚

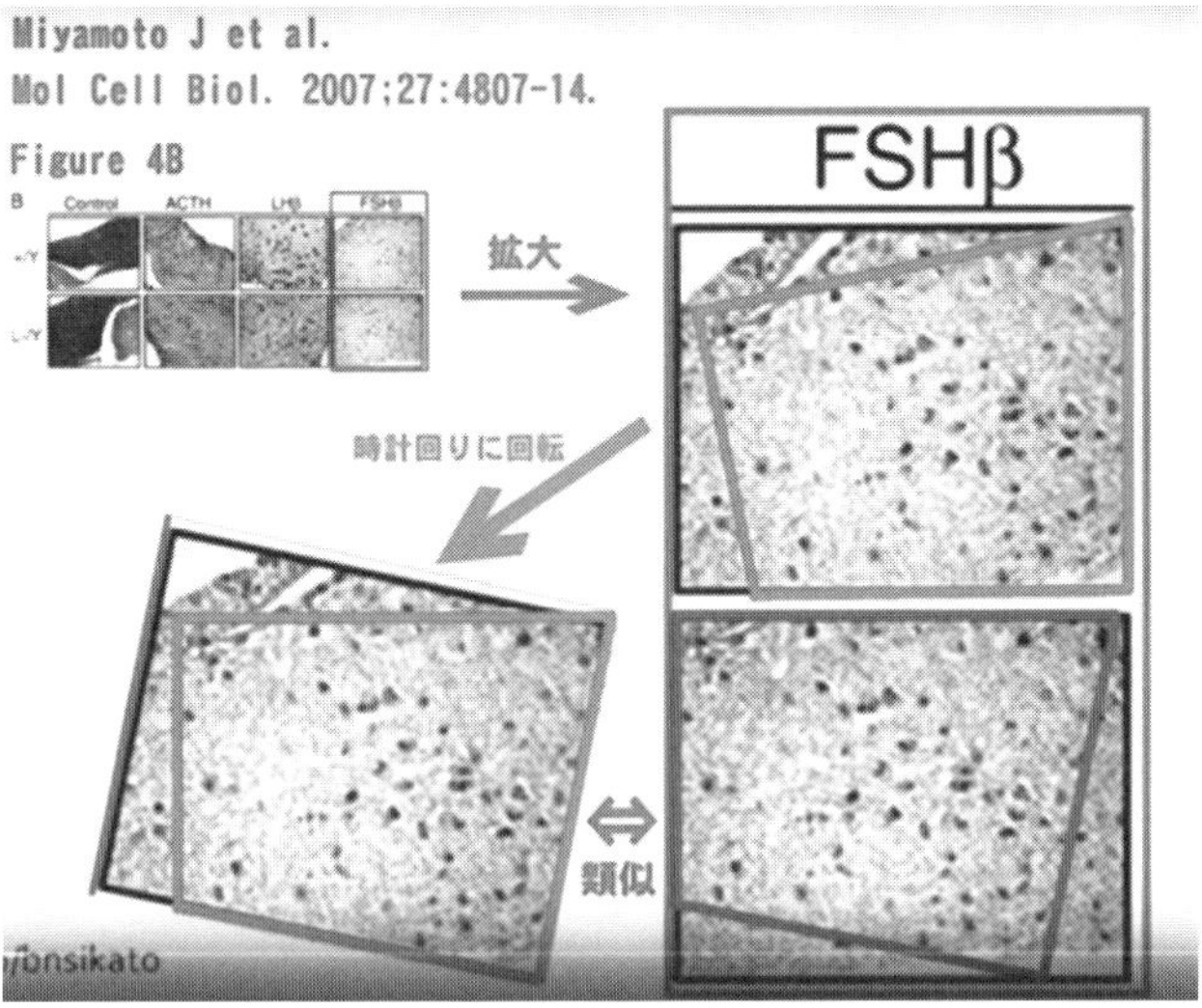

元の画像を回転させて転用

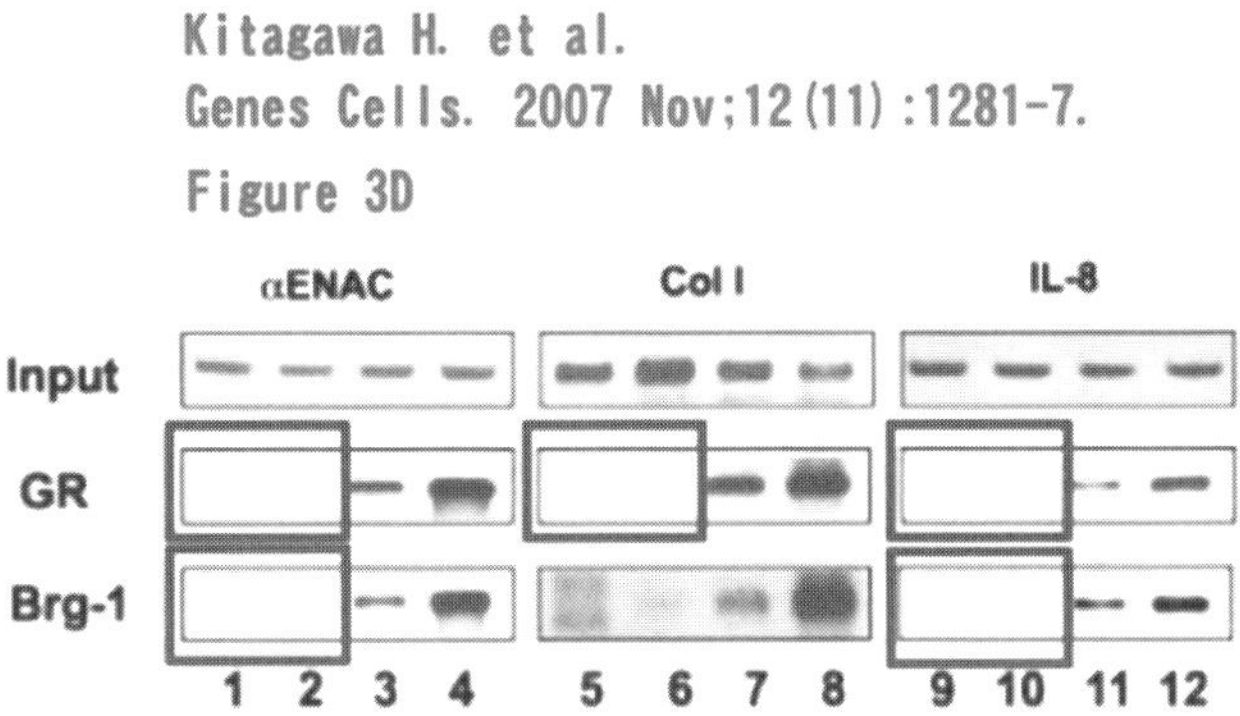

画像に白い長方形を貼りこんだ

図 3-1　JuuichiJigen が指摘した画像の流用

と協力して加藤の24論文の調査を始めたとのことです。

JuuichiJigenは2012年1月10日に東京大学、文部科学省、科学技術振興機構にそれぞれ、「類似画像掲載論文に関する申立書」[085]を送付しました。

2012年4月、セル誌に掲載された論文の図が「実験データを正しく反映できていないなど不適切な処理があった」などの理由で撤回したとし、加藤が責任をとって3月末に辞職したことが報道されました（朝日 2012・4・5 朝日 朝刊 39頁）。しかし、東京大学から何の情報も公開されないことにいらだち、同年11月8日には日本分子生物学会が、東京大学に対して「加藤茂明元分子細胞生物学研究所教授の論文不正問題に関する早急な情報開示の要望書」[086]を公開しました。

翌2013年7月5日になって、ようやく、東京大学分子細胞研究所長の名前でJuuichiJigenに対し予備調査結果が報告されました[087]。そこでは、指摘されたうち21論文65カ所に関して指摘を認めると結論しています。

この事件が本格的にメディアで一斉に報道されたのは、その後です。7月25日には朝日新聞で、加藤のグループが発表した論文に、画像の合成、反転・複製、などの不正処理があるとし、43本もの論文が撤回対象であるとされました（朝日 2013・7・25 朝刊 1頁）。加藤は捏造を認めたうえ、「直接的に図（画像）の作成にはかかわっていない」が「責任を負うべきだ」と述べています。

２０１４年８月現在25本が実際に撤回されています。

加藤は監督不行き届きであったが、直接不正には携わっていないとの立場をとっていました。東京大学の調査では、直接捏造・改竄を行ったということは確認できなかったが、論文の問題点について雑誌編集委員会から指摘を受けた際、実験ノートの捏造・改竄を指示していたことがあるとしています（朝日 ２０１４・８・１ 夕刊 10頁）。

東京大学は２０１３年９月30日に科学研究行動規範委員会において調査を開始し、12月26日に中間報告書、２０１４年８月１日に報告書を発表しています（読売 ２０１４・８・１ 東京朝刊 33頁）。最終報告書は12月26日に発表され、全論文１６５本のうち、33本で不正を確認したと報告されました[088]（読売 ２０１４・12・26 夕刊 18頁）。加藤をはじめとして４名の教員が不適切な研究室運営と指導があったとし、図の捏造・改竄に関与した筆頭著者が７名と認定しました。４名の教員の中には筑波大学教授柳澤純、群馬大学教授北川浩史、群馬大学准教授武山健一らが含まれます。こののち、筑波大学、群馬大学でも調査・処分が行われました。この件の最終処分は２０１７年３月３日に行われ、４人は懲戒解雇相当とされています（朝日 ２０１７・３・４ 朝刊 37頁）。

この事件の特異な点は、多数の研究者による大量の捏造・改竄があったにもかかわらず、なぜ加藤は長期間気がつかず、放置したのかという点、さらに、東京大学においては、慎重を期したとはいえ、告発から最初の調査回答まで１年半、正式の調査報告（中間）まで２年も要したのはなぜか、ということです。

5 東京大学分子細胞生物学研究所教授 渡邉嘉典事件

２０１６年8月14日、および8月29日に、Ordinary_researchers の名前で、以下の告発が東京大学その他宛てにありました。このことは9月１日、朝日、毎日、日経など各紙で一斉に報道されました。告発状は「世界変動展望」と名乗るブログサイトで公開されました[089]。まず8月14日の告発では、

①医学部ＴＫ研究室の論文７本に不自然な画像加工が見られる。
②医学部ＴＦ研究室の論文１本のデータに不自然さが見られる。
③医学部ＳＴ研究室の論文１本のデータに不自然さが見られる。
④医学部ＨＴ研究室の論文２本の画像に不自然な画像加工が見られる。

が指摘され、さらに8月29日の告発では、

①医学部KK研究室の論文4本に不自然な画像と不自然なデータが見られる。

②分子細胞生物学研究所渡邊嘉典研究室の論文7本に不自然な画像加工、画像の使い回しが見られる。

と指摘されていました。東京大学では、科学研究行動規範委員会に調査委員会を設置して調査を行い、その調査報告を約1年後の2017年8月1日に公表しました[090]。それによれば、分子細胞生物学研究所の渡邊嘉典、丹野悠司の2研究者の論文にグラフや画像の捏造や改竄があったと認定しました。分子細胞生物学研究所から提出された報告資料[091]によれば、

①背景を着色することによる偽装（4頁）

②グラフデータの捏造（8頁）

③本来比較できないものを画像加工により無理に比較している（13頁）

これらの画像・グラフ操作が改竄・捏造と判定されました。渡邊は退職しましたが、大学は20

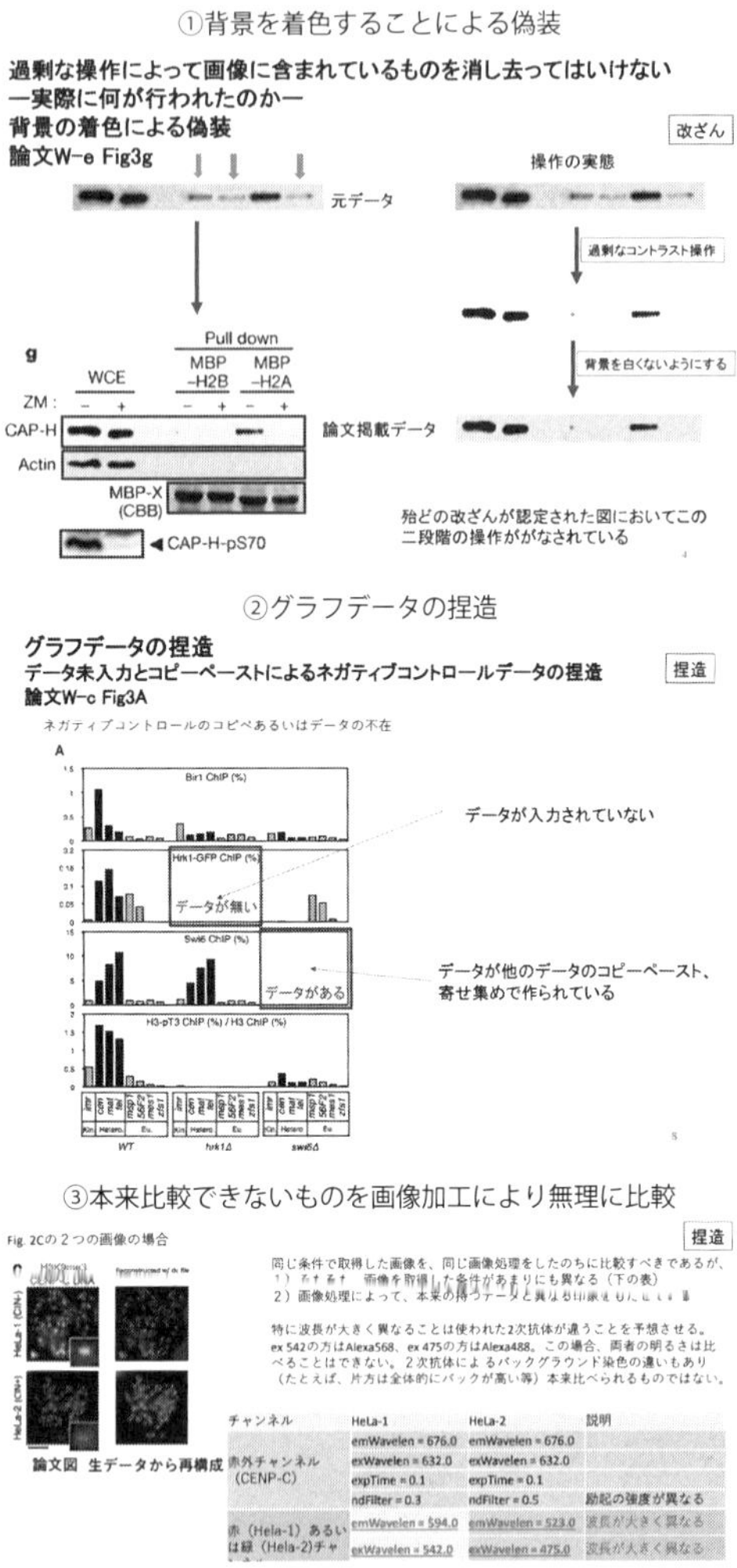

図 3-2　Ordinary_researchers が指摘したグラフや画像の捏造や改竄

18年4月27日懲戒解雇相当としました。

2017年12月22日に放映されたNHKスペシャル「追跡 東大研究不正～ゆらぐ科学立国ニッポン～」では、渡邊研究室の研究者（当時）の発言として、渡邉に「多少行き過ぎても画像の補正というのは必要である」「国際的には別にこのやり方で間違っていない」といわれていたと紹介しています。

渡邊の改竄・捏造は、多くの研究者がやっているであろう画像の修正が行き過ぎたものとも考えられます。彼自身、NHKに対し、「ミスおよび不適切な操作があったことは、私自身の認識不足、および指導、管理不足によるものと深く反省しております。ミスがあったのは事実ですが、いずれも客観的なデータを反映したものとなっております。実際に結論を左右したわけではなく、不正と認定されたことは大変残念に思います」と回答しています。実際、自分の結論に合うように画像を加工したものの、STAP細胞事件や東京大学教授加藤茂明事件のような、積極的な捏造はなかったと思われます。

渡邊に厳しい処分がくだった一方、医学部に委託した調査報告書は公表されず、医学部5教授は不正なしと認定されました。しかし告発書を見ると、渡邊と同等の画像改竄等があったのではないかと疑われます。これに対しては日経編集委員の永田好生が、「有力研究者を忖度した調査結果」との声もあるとして批判しています（日経 2017・8・28）。

6 京都大学iPS細胞研究所事件

２０１８年１月22日、京都大学は、同大学ｉＰＳ細胞研究所（ＣｉＲＡ、所長・山中伸弥）の山水康平特定拠点助教の論文に捏造や改竄があったとの調査結果を発表しました[092]。たとえば、得られた一次データから作成したグラフと論文に掲載されたグラフがまったく一致しない（図3-3）など、論文を構成する主要な図6点すべて、補足図6点中5点において捏造と改竄が認定されました[093]。

本人は２０１８年３月末に任期を迎える期限

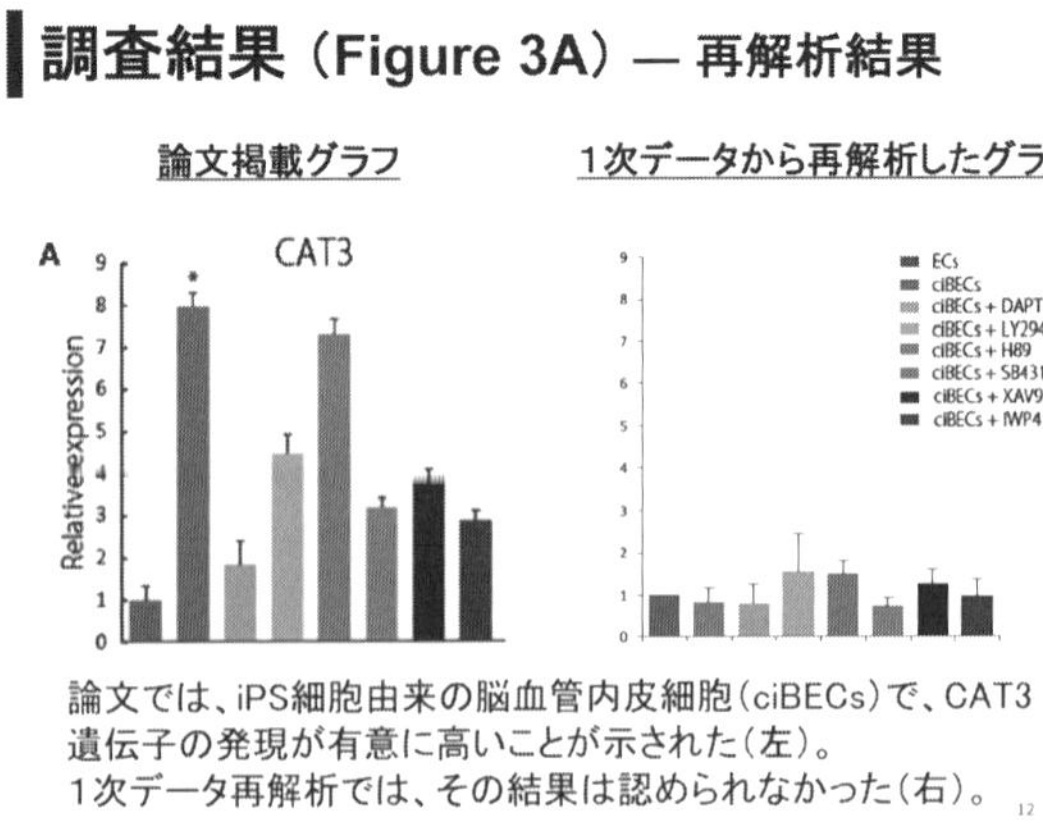

図3-3　京都大学が公表したデータの改竄

付き助教で、「論文の見栄えを良くしたかった」と調査委員会に述べたとのことです（読売　2018・1・23　朝刊　1頁）。データの数字の一部が書き換えられていたため、共著者にも発見が困難であったとみられます。同研究所では、今後実験ノートやデータの管理を徹底するとしています。

この事件の発覚を受けて、山中は給与を研究所の基金に寄付することを表明しました（朝日　2018・1・26　朝刊）。しかし、研究不正は基本的にはそれを行った本人の責任です。不正を主導・示唆したわけではない所長がそのような形で責任をとるのは海外にも例がなく、悪い先例といえるでしょう。

7　ノバルティス社 高血圧治療薬ディオバン事件

スイスの製薬会社ノバルティス社が開発したディオバン（一般名・バルサルタン）は日本の売上高1083億円（2013年）で同社日本法人のトップ商品です。この薬の臨床試験を行った京都府立医科大学教授の松原弘明は、多くの論文を発表しており、「血圧を下げる効果は他の薬と大きな差はないが、脳卒中や狭心症のリスクが半減した」と報告していました。

ところが2012年に、京都大学医学部教授の由井芳樹が、東京慈恵会医科大学で行った臨床試験データに疑義があるとの論文を、著名な医学雑誌ランセットに発表しました[094]。それによれば、別の薬を使っている患者とディオバンを投与した患者の血圧の平均と標準偏差が異常に一致しているなどの不自然さがみられたとのことです。

これを受けて、松原は、指摘されたユーロピアン・ハート・ジャーナルの2009年の論文を撤回しました。また、日本循環器学会のサーキュレーション・ジャーナルの論文2件も撤回されました。そして、執筆者の松原は2月、大学宛に辞表を提出しました（朝日 2013・2・28 朝刊 37、33頁）。

実は、京都府立医科大学、東京慈恵会医科大

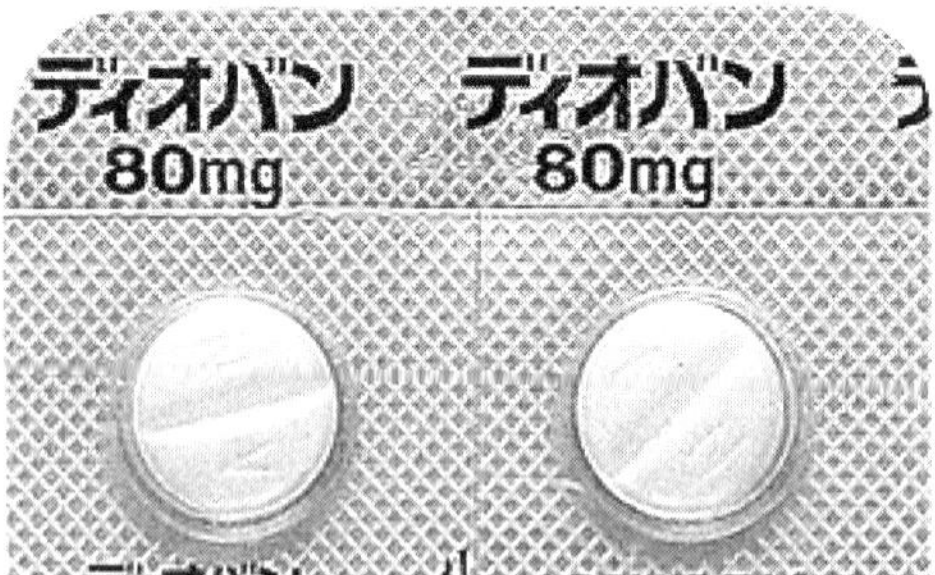

写真3-1　ディオバン

学のどちらにもノバルティス日本法人社員（その後退職）が統計解析担当として「大阪市立大学」の肩書きで参加していたことが判明しました（朝日 2013・4・24 夕刊 10頁）。これを受けて、スイスのノバルティス本社も第三者に依頼して調査を開始しました（朝日 2013・4・24 夕刊 10頁）。ノバルティス社の調査報告では、論文中でこの社員の身分を明らかにしていなかったとの不適切な点を指摘、さらに上司の関与があり、組織的な関与であったことも認めました（朝日 2013・5・23 朝刊 1頁）。ただしデータ操作や改竄については「判明していない」とのことでした。

ノバルティス社の報告書では、そのほかに千葉大学、滋賀医科大学、名古屋大学でも社員の関与があったとされ、これら各大学で調査委員会を設置して調査を始めることになりました。調査結果は2014年8月までに公表されましたが、データ操作があった（京都府立医科大学、東京慈恵会医科大学、滋賀医科大学）、データ操作は確認できなかった（千葉大学、名古屋大学）と結論が分かれました。

京都府立医科大学の報告では、患者223人分のカルテを調査した結果、脳卒中が起きていないのに起きた（34人）、血圧の数値の追加や修正があった（223件）などの偽造があり、これらを修正したところ、ディオバンとほかの薬との効果の違いはなくなったとされています（朝日 2013・7・12 朝刊 34頁）。東京慈恵会医科大学の調査では、大学が保有している臨床データと論文に記載されている最終データの血圧値などの食い違いがあり、統計解析の段階で社員によってデータ操作が行われたと考えられるとしています（朝日 2013・7・31 朝刊 1頁）。

千葉大学では、データ操作は確認できなかったものの、研究責任者の教授小室一成（後に東京大学教授）がノバルティス社員の関与について虚偽の説明をしていたことから統計解析の操作の可能性は否定できないとしました（朝日　2014・7・16　朝刊　37頁）。小室のジャーナル・オブ・ヒューマン・ハイパーテンション誌の論文はその後撤回されています（読売　2014・12・9　夕刊　13頁）。

京都府立医科大学の臨床研究では、ノバルティス日本法人から1億円を超える資金提供があったこと、社員が関与したことなどが、日本医学会の利益相反委員会で問題となり、申告違反があったとの結論になりました（朝日　2013・5・25　朝刊　35頁）。「利益相反規定」とは、研究上利害関係がある企業などからの補助や援助については、申告し、論文に明記するというもので、資金提供者によって研究結果がゆがめられることを防止する規定です。

ノバルティス社員がデータの不正操作を行った疑いがあることに関して、厚生労働省は、2014年1月9日に同社を薬事法（誇大広告の禁止）違反の疑いで東京地検に告発しました（朝日　2014・1・10　朝刊　7頁）。その結果、この社員は6月11日に逮捕され、7月2日に起訴されました（朝日　2014・7・2　朝刊　38頁）。ただし本人はデータ操作を一貫して否定しています。

この裁判は東京地裁で行われたましたが、その最近の公判では、京都府立医科大学の臨床研究に協力した男性医師が弁護側証人として出廷して、270件の症例の中に10件ほど虚偽の症例を入れたことを証言しました。この医師は「臨床研究に貢献した病院は、松原教授から人事で優遇されると思った」と証言したとのことです（読売　２０１６・５・26　朝刊　33頁）。この件は、２０１７年３月16日にノバルティス社と社員は無罪との判決がありました（毎日　２０１７・３・16）が、検察側は控訴しました。

この事件にはおまけがあります。京都府立医科大学の研究チームは各地で開業医に対してディオバンの効果について説明する会合を開いていましたが、この説明会費用と論文のコピー代金はノバルティス社が負担していたと報道されています（朝日　２０１４・６・28　朝刊　38頁）。論文の複写費用だけで数千万円を負担したとのことです。

8 アルツハイマーJ-ADNIプロジェクト事件

アルツハイマー病は、認知症の大きな原因とされており、その予防や治療は医学の大きな課題となっています。米国国立衛生研究所は「アルツハイマー病神経画像研究（Alzheimer's Disease Neuroimaging Initiative：ADNI）を２００５年に開始しました。これは磁気共鳴断層撮影（ＭＲＩ）

を利用して、脳の容積を正確に測定してアルツハイマー病による脳の萎縮を調べ、そのほかの検査と比較しながら病気の予防や早期治療に役立てようというものです。それに呼応して、日本でも国際研究に参加することになり、J-ADNIというプロジェクト名称で、2007年の秋から、東京大学教授岩坪威が代表となり、全国25以上の施設（最終的には38施設）で600人規模の臨床研究を行うことになりました。このプロジェクトには、これまで経済産業省、厚生労働省、文部科学省が合計24億円、制約会社11社が9億円を支出しています。

ところが、2013年11月18日に、「データの改竄がある」と告発するメールが厚生労働省に実名で送られてきました（朝日 2014・1・17 朝刊 1頁）。ところが、厚生労働省は、調査を行うどころか、この告発メールを研究代表者の岩坪に転送していました（朝日 2014・1・18 朝刊 1頁）。これは公務員の守秘義務に違反し、また公益通報者保護法に違反する恐れがあります。告発者である脳血管研究所教授杉下守弘（東京大学教授）は、怒りの実名記者会見を行いました（朝日 2014・2・4 朝刊 38頁）。

2014年1月7日、中心メンバーの一人、筑波大学教授の朝田隆が「データの改竄があった」との報告書を大学に提出しました（毎日 2014・1・10 東京夕 10頁）。その中には、基準に合わない人を例外的に被験者として認定した事例が180件あったとし、その多くが岩坪の承認によるとしています。これを受けて厚生労働省も調査を開始しました。

朝日新聞の調査によれば（朝日　２０１４・２・14　朝刊　３頁）、研究者や製薬会社の出向者からなる「データセンター」で、医療施設に対してデータの書き換えを求めたことを示す内部文書があったとしています。たとえば、国際的基準では、記憶の程度を調べる実験で、物語を伝えてから30分以内に質問を行わなくてはならないのに、30分を超えた後に検査をしたというデータがあったため、データセンターが検査時間を書き直すよう要請したことがわかっており、岩坪はこれを追認しています。

この事実が発覚した直後、「データセンター」では、室長格であるエーザイからの出向者が非正規職員にデータの書き換えをさせていたと報じられています。これは「期間中に使ってはいけない薬を服用した」「検査日時が基準より遅くなった」など、データとしての価値がない事例を基準にあうように書き換えたものです。この件についても岩坪が口止めメールを送っていた疑いが出ています。エーザイはアルツハイマー薬アリセプトのメーカーで、アリセプトの特許が２０１０年11月に切れてから、後継薬の開発を急いでおり、Ｊ－ＡＤＮＩのプロジェクトには多数の社員を出向させています（２０１４・６・26　朝刊　37頁）。

３月21日には、杉下は、Ｊ－ＡＤＮＩの臨床データを用いた論文発表について、データの14％に不適切な例があったとして論文撤回を共著者に呼びかけました（朝日　２０１４・３・21　朝刊　21頁）。

６月23日には東京大学医学部医学科の学生６名が総長浜田純一に公開質問状を送りました（朝日　２０１４・６・24　朝刊　38頁）。その代表者である岡崎幸治は、朝日新聞の「私の視点」に投稿し、その中で「残念なのは、広く社会からの信頼を損なったことに鈍感であることだ。不正が指摘された当事者の先生は一切、説明に出てこない」として「患者第一の精神」に立ち返るべきだ、と主張しています（朝日 2014・11・8 朝刊 17頁）。

2014年12月19日に、東京大学が委託した有識者による第三者調査委員会の報告書[095]が厚生労働省に提出されました。その結論は、

①「倫理指針違反（同意手続きに関する問題）」、「プロトコル違反（同意手続きに関する問題及び例外申請に関する手続き）」、「データセンター職員による誤った指示（ヒューマンエラー）」が認められた。

②「改竄」といえるデータや、「不適切に修正」されたデータは存せず、登録された被験者の適格性の判断についても何ら問題は存在しない。

③このままデータ公表を行っても問題ないものと考える。

とのことでした[096]。これに対して杉下は、調査結果が不適切だとして反論[097]を送っています。その反論は、

①改竄を否定した論拠は多くは医療機関側の回答のみで、具体的根拠がない。

②「プロトコル違反ではない」とした部分に判断の誤りがある。
③杉下の責任についての判断の誤りがある。
④第三者委員会の委員は製薬会社、とりわけエーザイとの関係、東京大学・東京大学病院との関係などの点で利益相反がある。

などとなっています。これに対しては第三者委員会も反論しており、さらにそれに杉下が反論するなど、その経過は表3−1のようになっています。

この問題については朝日新聞が中心になって追及してきましたが、第三者委員会の報告書が出てからその追及がうやむやになってしまったのではないかという印象は否めません。その後事件のまとめ記事も出ておらず、真相が藪の中になっていると感じます。なお、現在J−ADNIのウェブページは完全に

表3-1　告発者杉下守弘と東京大学第三者委員会のやりとり

日付	執筆者	内容
2014/12/14	第三者委員会	東京大学 J-ADNI 第三者委員会の調査報告書
2015/1/14	杉下守弘	反論意見書
2015/3/23	第三者委員会	反論意見書に対する見解
2015/4/1	杉下守弘	再反論意見書
2015/7/13	杉下守弘	意見書
2015/8/19	第三者委員会	反論意見書に対する見解（2）
2015/11/2	杉下守弘	意見書

消去され、また後継サイト等への転送もなく、インターネットアーカイブのウェイバック・マシーンでしか閲覧できません。したがって、その研究の経緯なども簡単には調査できない状態となっています。これも極めて異常といわざるを得ません。

9 撤回論文数世界第一位 東邦大学准教授

それでは、撤回論文数のレコードは誰でしょうか。リトラクション・ウォッチのトップは何と日本人、東邦大学の麻酔科准教授であった藤井善隆で、183本にもなります（朝日 2012・6・30 朝刊 38頁、なお記事では172本とされています）。

この問題が発覚したのは、ドイツの医師が藤井の論文47本（1994年から1999年に発表）のデータを統計的に整理してみたところ、副作用に関する数字が論文間で異常に一致していて怪しいとの調査論文を、2000年4月に国際学会誌アネセシア・アンド・アナルジェシアに発表したことがきっかけです[098]。そして2011年7月に東邦大学に海外ジャーナルから捏造疑惑の調査依頼がありました。

日本麻酔学会はようやく２０１２年３月10日に「藤井氏論文調査特別委員会」を設置して調査を開始しました。上記告発論文が発行されてから2年後です。

調査委員会が在籍した大学や病院に聞き取り調査を行った結果は6月28日に報告されました[099]。これによれば、「研究対象の症例や動物が実在し、研究を実施したのは初期の論文のみで、大多数は症例が1例も存在せず「机上の論文」であると結論しています。２００本の論文に55人の共著者が記載されていましたが、ほとんどは研究にかかわっていなかったか、名前を勝手に使われたとのことです。また、研究において、病院の倫理委員会の承認を得ていなかったことも撤回の理由となっています。この事件はわが国でも広く報道されました。

10

琉球大学教授の画像改竄

２０１０年8月24日、琉球大学は大学院医学研究科の教授を38件の学術論文におけるデータ流用などの不正を理由に懲戒解雇処分としました。ただし氏名・年齢は公表されませんでした（朝日　2010・8・25 西部夕刊　9頁）。しかし、この元教授はリトラクション・ウォッチで有名なNMとみられます[100]。

リトラクション・ウォッチではNMについて15件の記事があり、一番古い記事（2010・12・25）を見ると、雑誌インフェクション・アンド・イミュニティ（IAI）の編集委員フェリック・ファンの話が掲載されています。2010年始めに他の雑誌の査読者が、NMから投稿された論文に明らかに改竄されたゲルなどの画像が含まれていることに気づいたので、その雑誌から琉球大学の該当学部長に連絡をしました。大学では調査委員会を設置し、NMの大学在籍時期の論文をすべてチェックしたとのことです。その過程でその委員会からIAIにも連絡があり、IAIで発行されたNMの論文にも画像の改竄があると知らされたとのことです。IMIの発行者である米国免疫学会はNMがその発行雑誌に投稿することを10年間禁止の措置をとりました[101]。

東京大学加藤研究室の不正で活躍したJuuichiJigenは「琉球大学＋長崎大学のNM氏による論文捏造の追及ブログ」（NMは筆者による匿名化）[102]を2011年3月に立ち上げ、3月25日には文部科学省（長崎大学関連）、3月26日には長崎大学、5月20日には琉球大学、5月22日とには文部科学省（琉球大学関連）、にそれぞれ不正行為の申立てを行っています。このサイトに示された例では、他の論文のバンドの写真の一部を切り取って、別の論文の写真に貼り込んでいると見られます（図3－

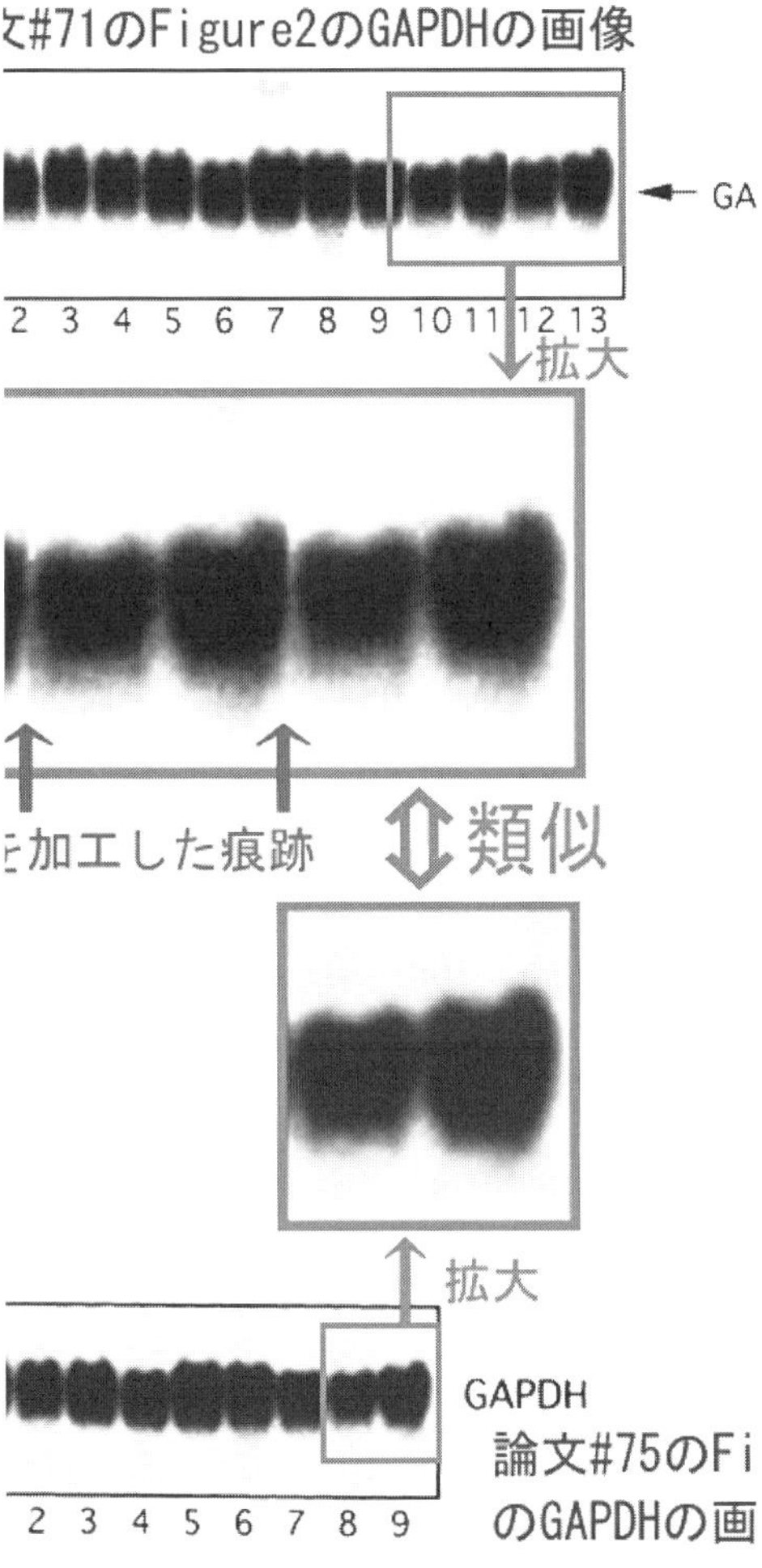

図 3-4　JuuichiJigen が指摘した NM の画像の流用

4)。最終的に疑惑があるとされる論文は長崎大学時代11本、琉球大学時代29本とされています。なおリトラクション・ウォッチで最終的に確認された撤回論文数は30です[103]。

しかし、彼はその後同大学に復帰し、論文も発表しているとリトラクション・ウォッチに報じられています[104]。この事件は、琉球大学が情報を公開しないため、日本ではほとんど知られていません。

11 そのほかの改竄・捏造事例

新聞で調査したそのほかの改竄・捏造事例を表にしました。画像データの改竄や捏造の報告は2011年頃から急増しています。

表 3-2　新聞記事に見るデータ改竄・捏造の事例

	年月日	新聞名	概要	処置
1	2000/10/20	読売	神奈川歯科大学薬理学教授、実験データ捏造	免職
2	2001/6/6	朝日	第一製薬ネイチャー・メディシンの論文撤回、生データは廃棄	
3	2003/11/14	朝日	昭和大学医学部教授、5 本の論文で架空症例や事実とデータ改竄	認める
4	2006/4/27	朝日	神戸大学工学部教授、特許の出願書類に実際は実験していないデータを記載	
5	2006/7/4	朝日	山形大学医学部教授、麻酔器納入談合とデータ捏造	懲戒解雇
6	2007/2/28	朝日	大阪府立大学工学研究科大学院生、半導体の論文データ捏造	
7	2007/10/12	朝日	鹿児島大学病院助教、16 論文でデータ改竄の疑い	本人自殺
8	2008/7/18	朝日	東北大学歯学研究科助教、16 本の論文でデータ捏造の疑い	学会賞取消
9	2011/2/28	朝日	三重大学准教授、論文 11 本で画像データ流用	不正は否認 懲戒解雇
10	2011/2/10	朝日	獨協医科大学内分泌代謝内科教授、論文画像データ改竄、二重投稿	諭旨退職
11	2011/3/5	朝日	名古屋市立大学医学研究科教授、捏造や改竄の疑いで調査	
12	2011/3/31	朝日	静岡大学教員、研究論文の写真に不正	
13	2012/2/11	朝日	滋賀大学教育学部教授、論文データの使い回し	諭旨解雇
14	2012/5/23	朝日	大分大学医学部講師、学位論文で画像流用、名古屋市立大の捏造に関連	博士号取消
15	2012/6/30	読売	東邦大学准教授、172 論文がデータ捏造、日本麻酔学会調査報告	
16	2014/7/23	読売	筑波大学生命環境系教授、論文 3 本で画像改竄	退職
17	2014/12/13	読売	山梨大学医学工学総合研究部教授、4 論文でデータ捏造・画像加工	
18	2015/12/26	読売	熊大大学院生命科学研究部教授、論文で捏造・改竄	停職

	年月日	新聞名	概要	処置
19	2016/2/27	読売	熊本大学医学部付属病院助教ら、論文画像流用	処分
20	2016/6/16	読売	弘前大学長ら、3 論文米医師会誌で撤回、データ信頼性に懸念	
21	2016/6/28	朝日	信州大学医学部教授、子宮頸がんワクチン研究に疑惑通報	意図的な捏造なし
22	2016/9/2	朝日	東京大学医学系・生命科学系論文 11 本に改竄・捏造告発	予備調査
23	2016/10/15	朝日	東京大学医科学研究所教授の画像加工告発	調査委設置
24	2017/2/15	朝日	聖マリアンナ医科大学准教授が不適切な臨床計画、カルテも改竄	戒告
25	2017/4/1	朝日	九州大学大学院工学研究院の研究員がデータ改竄	
26	2017/10/12	読売	群馬大学教授、論文で画像データの改竄	懲戒解雇
27	2017/11/15	読売	弘前大学教授（故人）、論文 14 本で臨床データの捏造など	
28	2017/12/16	朝日	鳥取大学医学部准教授、論文 4 本で画像やデータの捏造・改竄	停職 6ヵ月
29	2018/3/10	朝日	愛知学院大学歯学部講師、論文で画像の改竄	

第4部

剽窃・盗用

これは他人の研究成果を盗用するもので、多数の例があります。理工医学分野では減少していますが、人文社会系ではまだまだあるようです。

1 剽窃の調査

アラバマ大学バーミンガム校図書館のスコット・プルチャックは「剽窃の定義はポルノの定義に似てなかなか難しい。非常に明らかなポルノから微妙なものまであるように、剽窃にも幅がある。学術出版における判断の基準として重要なのは意図的であるかどうかである。その点が著作権の判断との違いである。すなわち剽窃はそのコミュニティーにおける慣習からみて適切かどうかということである」と述べています[105]。

ネイチャー誌の記事で、科学者へのアンケート結果が報告されていますが[106]、それによると3250人の回答者のうち、不適切に他人のデータを利用したことがあるかという質問に対し、1.4%があると回答しています。すなわち1～2%の割合で不適切行為があることになります。

「A Tale of Two Citations」という記事が話題になりました[107]。この記事の著者は医学文献データベース・メドラインの700万記事の抄録をソフトで解析し、約7万件の重複を疑われる論文を検出しました。そのうちの2600件を手作業でチェックした結果、20%は元論文の他言語への翻訳でしたが、最終的に73件は剽窃と疑われる結果となりました。

著者らは、次に剽窃が疑われる9120件の論文のうち212組（剽窃された論文と剽窃論文の組）を同定し、そのうち163組に問い合わせたところ、144件の論文について回答がありました[108]。

剽窃された著者は「驚き、悲しんでいる。彼らは科学者とは認められない」「論文を利用してよいという許可は与えていない。どうしてこんなことがあり得るのか」「まねをするのは私の論文への賛辞なのかも？」と発言しています。

剽窃側の著者たちは「私は共著者であり、論文の手法に助言しているだけだ。主著者に責任がある」「私は原著者に謝罪したい。許諾が必要だとは知らなかった」と述べています。

元記事側の編集長からは「この問題について編集委員も著者もこれ以上問題にする気はない。ただし知らせてくれて感謝する」「もとの論文を逐字的にコピーしたとすれば、それはその著者にたいする賛辞である」などの反応がありました。

剽窃側の編集長は「中身の責任は著者にあり、雑誌にはない」「今後はこのようなソフトを使ってすべての投稿原稿をチェックしたい」などと回答しました。また「非常に驚き、悲しんだ。すぐに緊急の編集委員会を開く」、という回答もありました。

2 海外での著名な事例

海外での著名な剽窃事件としては次のようなものがあります。

アルサブティ事件

イラク出身の医学者エリアス・アルサブティ（Elias A. K. Alsabti）は１９７０年代の数年で60篇もの論文を剽窃したといわれています[109]。彼はヨルダンのフセイン国王の弟、ハッサン皇太子の信用を得て米国に渡り、１９７７年にフィラデルフィアのテンプル大学、それからジェファーソン医科大学などに在席しました。しかし１９８０年に、ジェファーソン医科大学の学生が、アルサブティがチェコスロバキアの雑誌に掲載した論文が自分が米国の雑誌で発表した論文とまったく同じものであることを発見しました。この学生の上司、フレデリック・ウィーロック（E. Frederick Wheelock）はアルサブティに抗議しましたが、いいがかりであるとはねつけられました。

アルサブティは１９７８年にテキサスに移り、あまり知名度のない雑誌に多数の論文を発表しました。たとえば日本の英文誌、ジャパニーズ・ジャーナル・オブ・メディカル・サイエンス・アンド・バイオロジーやジャパニーズ・ジャーナル・オブ・エクスペリメンタル・メディシンにも剽窃論文を投稿しています。

チランジーヴィ事件

インドのスリ・ヴェンカテスワラ（Sri Venkateswara）大学化学教授パッティウム・チランジーヴィ（Pattium Chiranjeevi）が２００４年から２００７年にかけて、タランタ、フード・ケミストリー、ジャーナル・オブ・ハザダス・マテリアルズ、アナリティカル・ヒミカ・アクタ、ケモスフェア、など25の雑誌に投稿した70以上の論文が剽窃または二重投稿であることが判明しました[110]。これを発見したのはテキサス大学アーリントン校教授のプルネンドゥ・K・ダスグプタです。彼の弟子の学生が、チランジーヴィのある金属の分析結果が日本人著者による別の金属の分析結果と酷似していることを発見したのがきっかけです。彼はチランジーヴィの所属大学に調査を依頼したところ、多数の二重投稿が発見されたほか、彼が分析したというデータについては必要な機器が大学にない場合もありました。チランジーヴィは誰か知らない人間が自分の名前をかたって投稿したのだ、と言い訳をしたそうです。

ドイツ国防相博士論文事件

2011年、ドイツ国防相・カール＝テオドール・グッテンベルグ（Karl-Theodor Guttenberg）の法学博士論文は盗用だったとしてバイロイト大学が博士号を剥奪しました（朝日 2011・3・3 朝刊 6頁）。記事によれば当時39歳の若手で、人気政治家だったとのことです。本人は国防相を辞任しました。

ハンガリー大統領博士論文事件

ハンガリーのパール・シュミット（Pál Schmitt）大統領は、元フェンシング選手でメキシコ（1968年）とミュンヘン（1972年）の金メダリストで人気がありましたが、1992年に博士号取得のため提出した「近代オリンピック競技の分析」という論文が剽窃と疑われ、2012年に大学は博士号を剥奪しました。シュミットは大統領を辞任しました（朝日 2012・4・3 朝刊 10頁）。

3 わが国の事例

学士院賞事件

日本学士院は「学術上功績顕著な科学者を優遇するための機関として文部科学省に設置」されている機関で、明治12年に福沢諭吉を初代会長として発足した「東京学士院」を前身としています[111]。ここでは『日本学士院紀要』『Proceedings of the Japan Academy（Series A, B）』などの学術雑誌を刊行しているほか、優れた学術研究業績に対して学士院賞を授けています。昭和37（1962）年度の学士院賞受賞者7名のうち、香川大学教授児玉洋一の「近世塩田の成立」に剽窃が多いとの指摘が「日本塩業研究会」からありました（読売 1962・4・28 朝刊 11頁）。「研究会」の指摘によると、関連研究者の論文から引用されているにもかかわらず、出典が明記されておらず、剽窃と考えられるとのことでした。この事件については、学士院では「文献のあげ方が詳しくないなど不備な点もあるが」問題ないとして授賞を行いました（読売 1962・5・5 朝刊 11頁)。

そのほかの事例

表4―1は、朝日、読売、毎日の新聞データベースで調べた論文盗用の事例です。すぐわかるように、多くは人文・社会科学系の論文の盗用で、科学技術・医学系の事例はほとんどありません。実験系の学問では、論述よりも実験データが論文の中心であり、盗用が難しいといえます。

またこの結果を10年ごとに集計したグラフ図4―1を示しましたが、増加傾向にあります。特に2010年代はまだ途中であるにもかかわらず最高の件数となっています。これは実際に増加しているというよりは、研究不正に対する新聞の関心が高まったこと、またインターネットの普及により、多くの論文がネットで検索できるようになり、盗用が発見しやすくなったことがあると思われます。実際には過去の盗用は、見つからずに埋もれているだけで、同じ程度か、あるいはもっと多数存在したと考えられます。

この表で明らかなように、盗用はほとんどが文系の研究者によるものです。この点が理工系・医学系に多い捏造・改竄とは大きく傾向が異なります。

表 4-1　新聞記事に見る剽窃・盗用の事例

	年月日	新聞名	概要	処置
1	1916/3/11	朝日	大場茂馬（法学博士）が、故児島惟謙大審院長執筆「司法権の独立と湖南事件の真相」を剽窃したと、新社会社社長が非難	
2	1962/4/28	読売	1962 年学士院賞を受賞した香川大学教授の児玉洋一の論文「近世塩田の成立」は他の学者の論文からの剽窃が多い	学士院は剽窃でないと判断
3	1936/6/14	朝日	友松円諦の著書は東京大学印度哲学の学生の卒業論文 4 の剽窃	剽窃を認め、学会から引退
4	1969/6/27	読売	京都大学文学部博士論文「プラトンの国家論の研究」が親友である別の教授の論文をもらったもの	
5	1969/8/1	読売	金沢大学名誉教授「森林植物生態学」は米国雑誌 Botanical Review 論文の盗作	
6	1970/2/7	朝日	北九州大学文学部教授の著書が盗作と学生が告発	教授辞職
7	1970/2/24	読売	龍谷大学文学部助教授論文が盗作、学生が発見	辞表提出
8	1971/7/10	読売	福島大学経済学部助教授が盗作、本人は否定	
9	1974/10/16	朝日	日本公衆衛生学会の一般講演が盗作、発表取消	
10	1977/2/20	読売	近畿大学財政学担当教授が教科書で盗用	
11	1977/9/3	読売	慶應義塾大学経済学部教授、経済学史入門書に盗作	解雇
12	1977/11/25	朝日	東京大学社会科学研究所教授、岩波新書で盗作	辞職
13	1978/6/21	朝日、読売	東京大学法学部助教授、教授昇格審査の論文を英国人著書から盗用	辞職
14	1980/12/4	朝日	三重大学教育学部助教授が研究紀要論文で盗用	辞職
15	1982/1/31	読売	関西外国語大学助教授、恩師の著書から盗作	

	年月日	新聞名	概要	処置
16	1982/2/4	読売	早稲田大学教授が美術の研究雑誌で論文盗用	
17	1982/2/6	読売	千葉敬愛短期大学音楽主任教授、音楽書から盗用	
18	1982/9/13	朝日	東京大学農学部で盗作の批判・対立	
19	1982/2/27	朝日	早稲田大学政経学部長教授が米国の専門書から盗用	
20	1982/3/24	読売	北海道大学名誉教授が論文盗作	謝罪
21	1982/12/24	読売	東京外国語大学教授の「文芸春秋」レポートが盗作	
22	1988/5/31	読売	日本学士院賞受賞者内定の京都大学名誉教授佐伯富の「中国塩政史の研究」は盗作と告発	裁判の末、再授与
23	1989/2/2	朝日	信州大学教授が共同執筆の「住友産業衛生」論文が盗作	
24	1991/4/25	朝日	国士舘大学宗教学教授が論文を盗用、テキストとして学生に販売	示談
25	1993/11/7	読売	亜細亜大学法学部長が著書に恩師の記述盗用	
26	1994/6/23	朝日	日本体育大学前学長、博士論文で他人の論文盗用	
27	1997/3/8	読売	鳴門教育大学教授が学生の修士論文盗用の疑い	
28	2000/4/28	週刊朝日	広島大学教育学部講師、同学部紀要に盗用	お詫び
29	2000/10/12	朝日	京都大学農学部教授、10人以上の論文から盗用	
30	2002/4/5	読売	龍谷大学社会学部教授が盗作	解雇、訴訟
31	2002/4/10	朝日	東京歯科大学教授、医師の論文を盗用	認める
32	2002/6/18	読売	名城大学農学部助教授、記念誌に論文盗用	減給
33	2002/9/5	読売	琉球大学医学部助手、米国論文を盗用	辞職、戒告
34	2003/1/16	読売	旭川大学経済学部教授、紀要に専門書から盗用	2カ月停職
35	2003/5/24	読売	京都女子大学文学部教授、論文から盗用	

	年月日	新聞名	概要	処置
36	2003/8/1	読売	慶應義塾大学法学部教授、海外の論文を盗用	辞任
37	2003/11/23	読売	名古屋経済大学短期大学部助教授、海外論文盗用	認める
38	2004/2/12	朝日	中央大学法学部教授、著書で論文盗用	
39	2004/3/27	読売	大阪外国語大学教授、学会発表で盗用	厳重注意
40	2004/12/7	読売	大阪国際大学前経営情報学部長が論文盗用	謝罪
41	2006/2/14	読売	筑波大学国際政治経済学米国人助教授、米国論文を盗用	辞職
42	2006/4/20	読売	宮城教育大学教育学部助教授が論文盗用	出勤停止 1 月
43	2006/7/20	読売	信州大学教育学部助教授、採用時の研究論文に盗用や捏造	
44	2007/1/27	朝日	九州大学芸術工学研究院教授、英書盗作か	懲戒
45	2007/1/29	朝日	明治大学情報コミュニケーション学部助教授が論文盗用、全体の 96 %も	懲戒免職
46	2007/7/28	朝日	神戸市外国語大学経済学准教授、海外論文を盗用	諭旨免職
47	2007/10/25	朝日	北海道大学メディア・コミュニケーション研究員、教授論文盗用	懲戒解雇
48	2008/11/3	朝日	東北大学病院助教、専門誌記事で論文盗用	厳重注意
49	2008/12/19	朝日	岐阜大学地域科学部教授、論文盗用	懲戒解雇
50	2009/4/30	朝日	鶴岡工業高等専門学校准教授、論文盗用	懲戒停職 6 カ月
51	2009/12/11	朝日	大阪大学産業科学研究所教授、不適切な論文引用	
52	2010/1/7	朝日	国立社会保障・人口問題研究所長が著作集で盗用	
53	2011/7/2	朝日	神戸大学准教授、日本科学哲学会論文盗用	停職 3 カ月
54	2011/10/25	朝日	椙山女学園大学現代マネジメント学部教授、論文盗用	懲戒免職
55	2011/12/10	朝日	東京大学社会科学研究所助教、論文・著書の盗用	博士号取り消し、諭旨解雇

	年月日	新聞名	概要	処置
56	2012/2/18	朝日	立命館大学情報理工学部准教授、インターネットから論文盗用	
57	2012/8/3	朝日	椙山女学園大学現代マネジメント学部教授、論文盗用	停職6カ月
58	2012/10/13	朝日	租税法学会理事長の明治大学教授がネットから盗用	
59	2013/3/30	朝日	広島女学院大学副学長教授、論文盗用	役職を解く
60	2013/5/16	朝日	会津大学短期大学部産業情報学科教授、論文盗用	懲戒解雇
61	2013/5/30	朝日	山口大学経済学部教授、著書で盗用	諭旨解雇
62	2013/8/6	朝日	岡山大学医歯薬学総合研究科准教授、重複投稿	
63	2013/10/22	朝日	早稲田大学大学院公共経営研究科、論文盗用	博士号取消
64	2014/2/24	朝日	名古屋外国語大学現代国際ビジネス学科長教授の論文に盗用の疑い	停職6カ月
65	2014/3/29	朝日	奈良教育大学教育学研究科准教授が論文盗用	停職3カ月
66	2014/4/20	朝日	東京慈恵会医科大学内科医、研究業績申告で同姓同イニシャルの論文を自分のものと偽る	
67	2014/5/14	朝日	富山国際大学資源工学教授の論文に盗用	名誉教授取消
68	2014/6/4	朝日	滋賀大学教育学部教授自殺は、同僚教授の論文盗用などが原因と、遺族が損害賠償提訴	
69	2014/6/13	読売	活水女子大学文学部准教授、論文盗用	停職2カ月
70	2014/11/1	読売	龍谷大学文学部教授、海外論文23本盗用	懲戒解雇
71	2014/11/22	読売	早稲田大学商学部准教授、海外論文盗用	懲戒解雇
72	2015/5/30	朝日	千葉大学の助教が学会資料で大学院生の資料を盗用	
73	2015/11/6	朝日	藤女子大学文学部准教授、論文盗用	諭旨解雇
74	2015/11/6	朝日	福岡教育大学教育学部教授、5論文盗用認定	

	年月日	新聞名	概要	処置
75	2016/1/22	朝日	皇學館大学教授が盗用、論文・著書35カ所	停職3カ月
76	2016/1/24	朝日	大阪産業大学工学部准教授が論文盗用	依願退職
77	2016/1/28	読売	福岡教育大学教育学部教授、論文内に盗用	停職3カ月
78	2016/2/5	朝日	皇學館大学教授、九州保健福祉大学の博士論文で盗用	学位取消
79	2016/4/8	朝日	聖マリア学院大学准教授が紀要に盗用論文	
80	2016/4/16	朝日	筑波大学人文社会系准教授が論文盗用、取り下げを勧告	
81	2016/6/1	朝日	上智大学ロシア語学科教授が学内紀要論文で盗用疑い	
82	2016/10/29	読売	神戸国際大学リハビリテーション学部教授、論文盗用	懲戒解雇
83	2017/1/21	朝日	大阪薬科大学教授、自分の過去のデータを流用	停職10日
84	2017/3/31	読売	金沢星稜大学准教授が論文で盗用	出勤停止90日
85	2017/9/22	朝日	北九州市立大学外国語学部准教授の著作に盗用	停職2カ月
86	2017/11/25	朝日	兵庫教育大学准教授、研究論文を盗用	停職1カ月
87	2017/12/1	朝日	東京大学学際情報学府博士論文で盗用	学位取消
88	2018/4/17	朝日	豊岡短期大学講師が論文盗用	
89	2018/5/26	朝日	倉敷芸術科学大学教授（故人）、紀要論文6本がほぼ盗用	処分なし
90	2018/5/9	読売	東洋大学経営学部教授が論文盗用	処分なし（依願退職）
91	2018/6/21	朝日	大分大学教育福祉科学部紀要の論文で盗用	訓告

4　著作権

引用

著作権法では、

第三十二条　公表された著作物は、引用して利用することができる。この場合において、その引用は、公正な慣行に合致するものであり、かつ、報道、批評、研究その他の引用の目的上正当な範囲内で行なわれるものでなければならない。

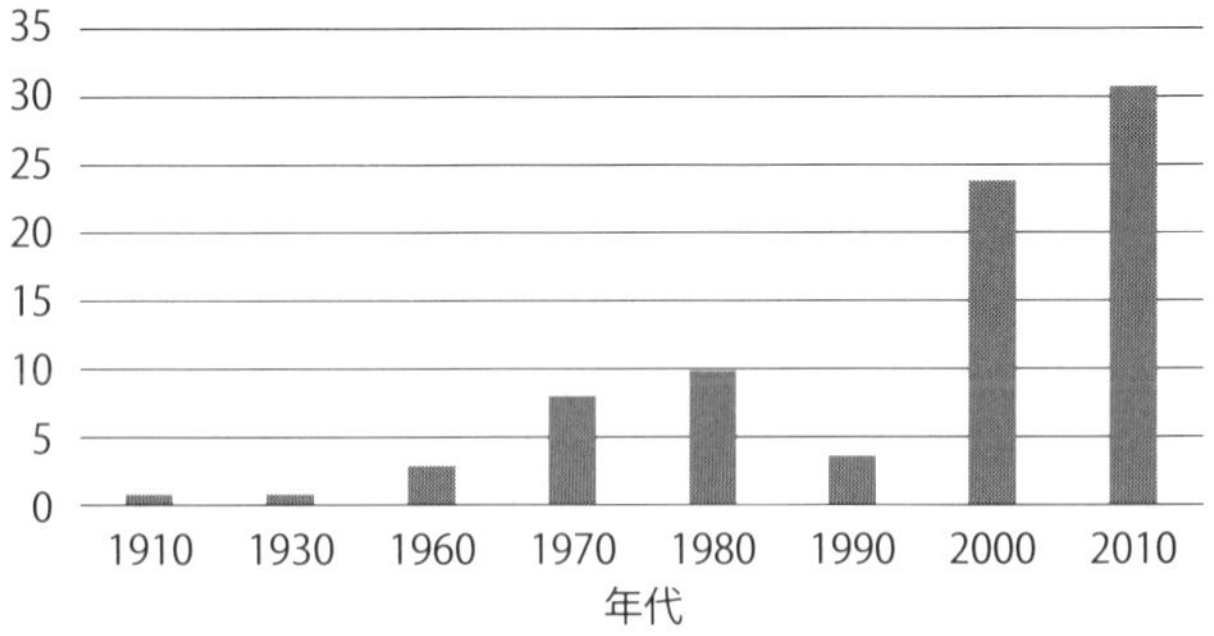

図 4-1　盗用の新聞記事件数

と書かれています。ここでいう「引用」は、自分の著作物の中に他人の著作物の一部（文章や画像など）を実際に取り込むことです。一方、科学論文の世界で使われる「引用文献」は、実は自分の研究を行った際に「参考」にした文献のことであり、著作権法の意味とは異なるので注意が必要です。

著作権法における「引用」が合法であるための「公正な慣行」「正当な範囲内」とは次のものです。

①主従関係……引用する側とされる側の双方は、質的量的に主従の関係であること
②明瞭区分性……両者が明確に区分されていること
③必然性……なぜ、それを引用しなければならないのかの必然性

ここからわかることは、元の論文の大部分をコピーすることは許されない（主従関係にない）、また自分の文章のように使ってはならず、かぎカッコでくるなど、他人の文章であることを明確にしなくてはならない（明瞭区分性）、ということです。最後の必然性の条件は、学術論文の場合は通常満たされていると考えられます。

また、

第四十八条　次の各号に掲げる場合には、当該各号に規定する著作物の出所を、その複製又は利用の態様に応じ合理的と認められる方法及び程度により、明示しなければならない。

として上記第32条も挙げられているので、出典を明らかにすることは必須です。

さらに、次のように著作者人格権に属する同一性保持権において、勝手に改変することが禁じられているので、引用の際にはもとの文章を変更してはいけません。

第二十条　著作者は、その著作物及びその題号の同一性を保持する権利を有し、その意に反してこれらの変更、切除その他の改変を受けないものとする。

したがって次の言い分は突っ込みどころ満載ということがわかります。

（前略）「吉本隆明論」から流用した。しかし言葉をいいかえたり、文章の前後をかえたりしたうえに、「あとがき」で「先輩諸賢の意向を拝借したりした」と書いた。（中略）盗作ではない。こういう書き方は学会の常識だ。（朝日　１９７０・２・７　朝刊　14頁）

また、

参考文献一覧に関係書目として（盗用された）私立大助教授の論文を記載しており、「構わないと思った」（読売 2006・4・20 仙台朝刊 31頁）

というのは、「明瞭区分性」と「出所の明示」が満たされていない点で不適切です。
たとえば引用する元の文章に誤字があったらどうしたらいいでしょうか。正しくは、原文のまま書いたと明記することです。たとえば、

「……における拳法（ママ）記念日」

とすることがあります。これは正しくは「憲法記念日」ですが、原文が間違っているのでそのまま引用したという意味です。

なお、最近は少なくなったとはいえ、「無断引用」ということばを使うメディアがあります。

「教え子の卒論　無断引用」（読売　2015・11・6　東京朝刊　35頁）

著作権法上の「引用」は本来「無断で」（許諾なしで）行うものです。ここは正しくは、「盗用」または「不適切利用」などとし、「引用」という語を使ってはいけません。

学術論文の著作物性

そもそも学術論文に著作物性はあるのでしょうか。学術論文もひとつの著作物ですから、当然著作権法の保護の対象となります。ただし保護の対象は著作物の「表現」です。当然のことながら、論文の主張する科学的事実（「クラゲが発光する」など）は思想・感情の表現ではないから著作性はありません。文化庁の「著作権なるほど質問箱」[112]を見ると、

富士山の高さは何メートルであるといった単なるデータは、事実にすぎず、思想又は感情を包含していないため、それ自体は著作権法による保護はありません。ただし、それらのデータを収集し、一定の考え方のもとにまとめて整理したものであれば、全体として、編集著作物又はデータベースの著作物として、また、創意工夫をこらした図表にしたような場合は、図形の

著作物として、保護される可能性はあります。

とあります。このように、学術論文に掲載されている事実やデータには、わが国の著作権法では著作物性がありません。

それでは論文の文章に著作物性はあるのでしょうか。２００５年4月28日に大阪高等裁判所判決では「実験結果の記述は誰が書いても同じような記述になると考えられる」として著作物性を否定しています[113]。理工学・医学の論文は人文・社会科学の論文と異なり、表現上の創作性が少ないのでこれは当然と考えられます。

ＳＴＡＰ細胞事件の際に、小保方が他人の論文の文章をコピーしたとして非難されましたが、これは正しくありません。前述のように、理工系・医学系の論文の文章に著作物性が高いとは考えられず、したがって断らずにまったく自由に利用できると考えられます。さらにいえば、英語ネイティブの科学者が書いた文章を利用することは、論文の質が上がるのでむしろ好ましいといえます。文系の論文の盗用とはまったく異なることを指摘したいと思います。

後述の論文チェックツール、クロスチェックでも、論文の序文（Introduction）や実験の手法（Methods）は他の論文の序文と一致する率が高いので、これらは剽窃ではないとして自動的にチェックからはずす機能があります。

論文中のグラフについては、著作物性がないという裁判所の判断があります[114]。これはデータが同一であれば誰が描いても類似のグラフになるので、著作物性はないという理由からです。

図についても、信州大学名誉教授山田一が、自身の著作にあったリニアモーターの構造などを説明する図が信州大学学長山沢清人に盗用されたとして訴えた事件で、長野地方裁判所は「科学技術上の基本構造や性質の説明は定型的、画一的な表現にならざるを得ない」として著作性を否定しています（朝日　２０１３・２・16　長野東北信朝刊　27頁）。

ただし、グラフや図の流用についての裁判所の判断はケースバイケースになることが予想され、また著作権法に違反しなくても不法行為が認められる可能性があります。したがって、「引用」で済む場合を除き、図を利用する前に元の著者に断るのがより好ましいといえます。また海外の大手出版社は論文中のグラフや図について権利を主張し、使用料を徴収する仕組みもつくっているので、「引用」であってもこれを無視することは難しいと思われます。したがって論文中での図の引用または利用は慎重に行うことが好ましいと考えられます。

なおオープンアクセスの雑誌でクリエイティブ・コモンズのライセンス（後述）で公開されている場合は、出典を明記すれば図表が許諾なしに自由に利用できます。

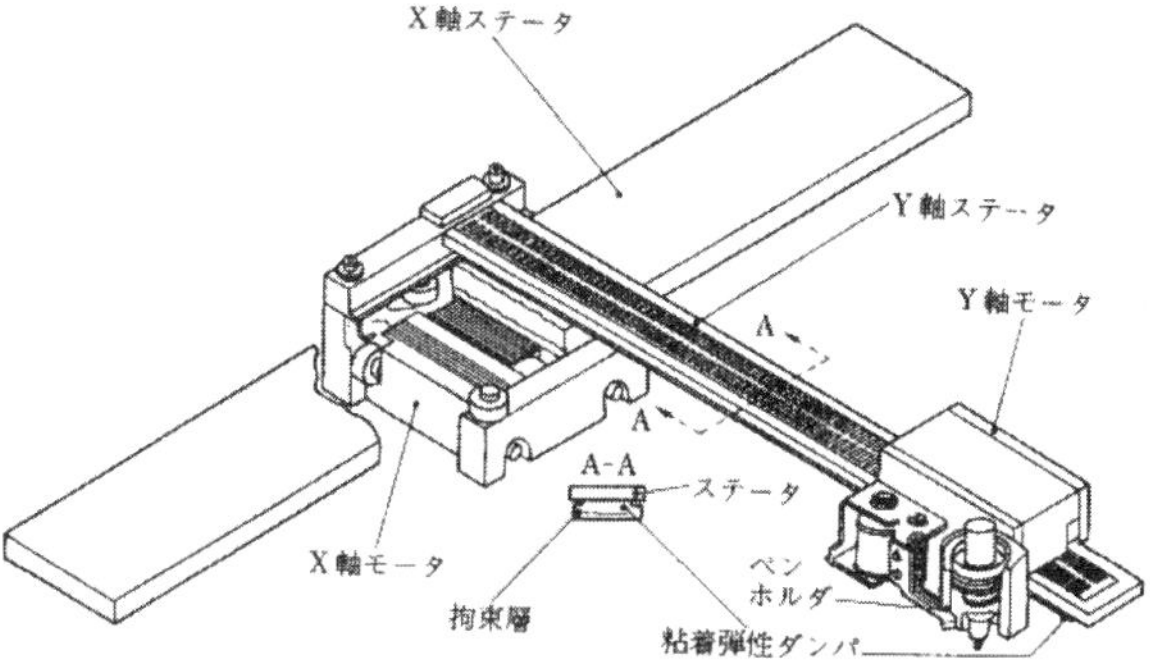

図3　リニアパルスモータを用いたX-Y軸の機構

山田一編著『リニアモータ応用ハンドブック』115の図

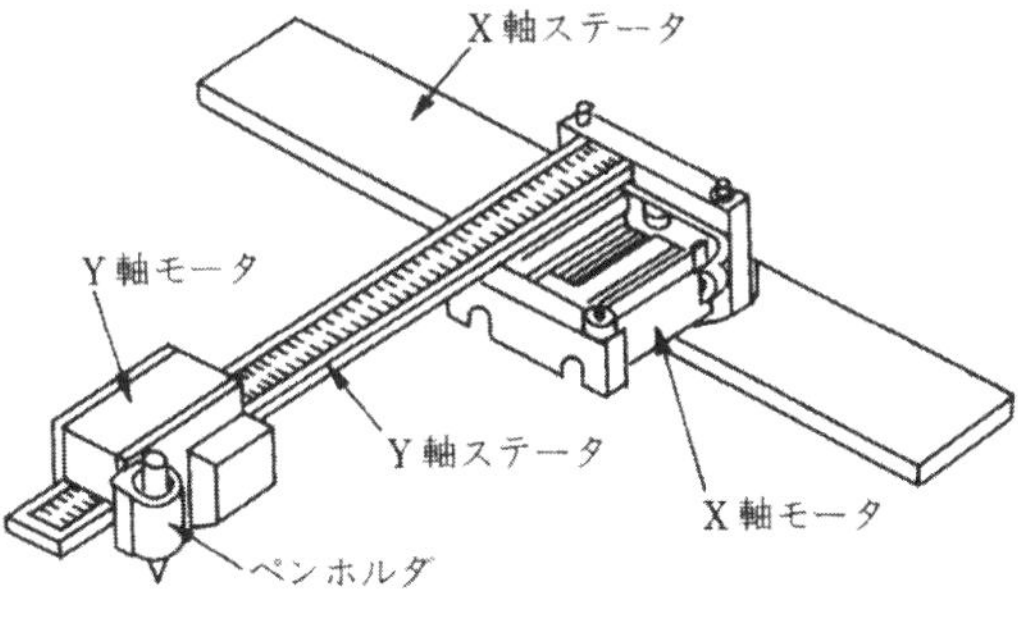

図2.2　リニアパルスモータを用いたX-Yステージ

山沢清人「メカトロニクス電磁アクチュエータの動作」116の図

図4-2　盗用を訴えられたリニアモーターの構造図（下が元の図、上が訴えられた図）

スライドを撮影してよいか

劇場や音楽会場で実演を撮影したり録音したりすることは通常主催者が禁止しています。個人として楽しむための撮影・録音であれば著作権に触れることはありませんが、実際にはこれが他所に流出することを恐れ、また撮影行為が周りの人の迷惑となるためです（なお、映画については撮影行為が違法となっています）。これに対し学会発表のスライドを撮影することはしばしば行われています。特に口頭発表のスライドには予稿集に記載されていない詳細なデータが記載されていることがあり、研究者としてはぜひ記録しておきたいということだと思います。

２００８年のネイチャー誌の記事によると[117]、ある学会で「暗黒物質」についての口頭発表のデータが無断で写真撮影され、それが他の出版物で紹介されたことに発表者が抗議した、とありました。しかしこの会議の主催者は撮影は禁止しておらず撮影されても当然と説明し、その利用方法はモラルの問題との立場をとっています。もちろん撮影や録音を禁止している学会も多くあります[118]。禁止の理由は、口頭発表データは完全なものでなく、正式発表されたものではないからであると述べています。しかしネイチャー誌のコメントを読むと、発表されたからにはそのデータが利用されても仕方がない、との立場をとる研究者もいるようです。また学会の講演をツイートすることについても議論があります[119]。

クリエイティブ・コモンズ

欧米では学術出版が商業ビジネスとして発展したため、早くから著作権の著者から出版社への譲渡が行われていましたが、わが国ではそれほど顕著ではありませんでした。しかし乾式コピー機が普及し、また近年電子ジャーナルが普及するに従い、複写権、公衆送信権にもとづく著作権者の許諾が必要となり、この許諾を円滑にすすめるために著者から出版社への著作権譲渡が欧米並みに普及してきています。

しかし、最近は逆に、著作権を著者に残したまま、クリエイティブ・コモンズ（CC）ライセンスで公開するオープン・アクセス雑誌が増えています。オープン・アクセス雑誌とは、著者から投稿料（1000~3000ドル）を徴取し、読者に対しては無料で公開する雑誌です。研究者は、多少の費用を払っても、自分の業績を公開したい欲求が強いので、これがビジネスとして成り立っています。

オープンアクセスで広く利用されているクリエイティブ・コモンズ（CC）のライセンス[120]とは、著作権者が一定の条件の下で許諾なしに自由な利用を認めるというもので、表4-2のようなライセンスの種類があります。ここでＢＹはデフォルトで必要であり、出典を示さない利用は許されません。

たとえばＣＣ-ＢＹとは、出典を表示しさえすれば、その他の条件は不要という意味となり、改変・加工、商業利用も許されます。オープンアクセス雑誌ではＣＣ-ＢＹ（またはＣＣ-ＢＹ ＳＡ）が圧倒的に多いですが、それ以外の例もあります。

なおクリエイティブ・コモンズはもともと学術分野よりも、音楽や写真といった大衆芸術の著作物を想定していたのですが、学術分野でいち早くその利用が普及しました。

表 4-2　クリエイティブ・コモンズ（CC）ライセンス

記号	名称	意味
BY	表示	出典を表示
SA	継承	改変・加工した場合は元のライセンスを継承
ND	改変禁止	改変や加工は禁止
NC	営利利用禁止	営利目的の利用は禁止

第5部

研究者の人間模様

研究者は平均的には知識レベルが高く、優れた知見や洞察力をもっており、研究の場以外でも社会への影響力をもっています。しかし、人格的にみれば、一般の人と変わりはなく、名誉と地位への執着はたいへん強いのです。そうしたことから、発明・発見の名誉を求めての競争には熾烈なものがあります。そのような例をいくつかご紹介します。

1

酸素は誰が発見したか

2001年10月27日、ロンドンの英国王立科学研究所で「酸素」（Oxygen）という題の劇が公開されました[121]。これは化学者のカール・ジェラシー（Carl Djerassi 女性用避妊薬の発明で有名）とロナルド・ホフマン（Ronald Hoffman）が書いた劇で、酸素の発見を巡る人間ドラマです。この脚本も出版されています[122]。

一般的には酸素を発見したのはアントワーヌ・ラボアジェ（Antoine-Laurent de Lavoisier）といわれており、その研究の中で定量分析の方法を確立したことから、近代化学の父とみなされています。それまでは物が空気中で燃えるのは、物質からフロギストンという物質が逃げ出すためと説明されており、これは燃焼の見かけ、つまり炎や熱が出て最後に燃えカスが残るという現象と一致していました。ただし、金属を燃焼させると逆に重量が増加するということの説明がうまくできていませんでした。ラボアジェは1774年に錫を燃焼させてその灰の重さを測定する実験を行い、その結果燃焼とは空気中のある気体と物体が結合する現象だという酸素説を唱えました。1779年にはこの気体をOxygeneと命名しました。

しかし、本当に酸素の発見は彼ひとりの功績でしょうか。実は物質としての酸素は、1771年から1772年にスウェーデンの化学者カール・ヴィルヘルム・シェーレ（Karl Wilhelm Scheele）が軟マンガン鉱と濃硫酸の反応で、ろうそくの火を明るく輝かせる気体を発生させ、これを「火の空気」と命名していました。しかし彼の研究が本として出版されたのはラボアジェに遅れ、1777年でした（『空気と火について』（Chemische Abhandlung von der Luft und dem Feuer））。一方英国の化学者ジョセフ・プリーストリー（Joseph Priestley）は酸化第二水銀を加熱して発生する気体が燃焼を激しくし、またネズミが長生きすることを発見しました。彼は誤って、この気体がフロギストンを失った空気だと考え、「脱フロギストン空気」と命名

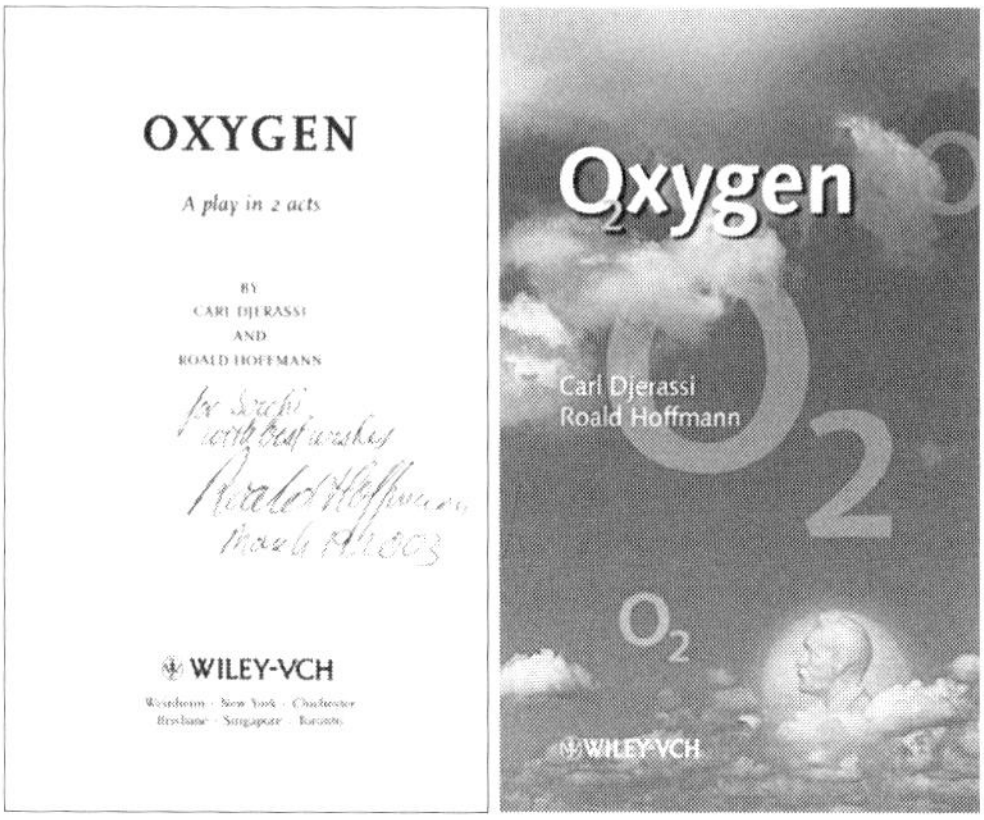

図 5-1　Oxygen の表紙と奥付（ホフマンのサインがある）

しましたが、これはまさに酸素そのものでした。シェーレもプリーストリーも、その発見をラボアジェに手紙で知らせており、ラボアジェがそれを正しく考察して酸素の発見に至ったと考えられています。

劇「酸素」は、この3人が1777年にストックホルムにおいて各夫人とともに一堂に会したとの設定で書かれています。そして第2幕では、彼らが2001年のストックホルム、レトロ・ノーベル賞という架空の賞の選考委員会の際にまた現れます。この委員会は、過去の優れた科学業績に賞を与えようというもので、酸素の発見の功績を顕彰するのはラボアジェか、シェーレか、プリーストリーか、あるいは全員か、4人の委員が無記名投票をするところで劇は終わっています。

2 ノーベル賞

二重らせん

『科学朝日』編『ノーベル賞の光と陰』（増補版 朝日新聞社 １９８７）にはノーベル賞を巡る人間模様が描かれています。1986年までの22件もの事件が取り上げられていますが、その中でもよく知られているのが核酸の構造解明に対して与えられた１９６２年の医学・生理学賞です。この賞を授与されたのは、フランシス・クリック（Francis Crick）、ジェームズ・ワトソン（James Watson）、モーリス・ウィルキンス（Maurice Wilkins）の３人です。

核酸（ＤＮＡ）の二重らせん構造はワトソン・クリック構造といわれるように、彼らが共著で発表したネイチャー誌の論文に基づいています（図5-2）。ただしこの論文の最後には「Ｍ・Ｈ・Ｆ・ウィルキンス博士とＲ・Ｅ・フランクリン博士の未発表の実験結果に含まれる一般的な知識とアイデアに触発された」と謝辞が書かれています。

ワトソンが執筆したベストセラー『二重らせん』を読むと、この構造解明は、ウィルキンスの部下であるロザリンド・フランクリン（Rosalind Franklin）（ワトソンはロージーと呼んでいる）が撮影したDNAのX線回折写真に触発され、ワトソンが化学的に整合する骨格を組み立て、クリックがこれを数式的に裏づけたことになっています。ワトソンがフランクリンの上司ウィルキンスから彼女のX線写真をこっそり（？）見せてもらい、二重らせん構造を確信したいきさつは『二重らせん』でも歯切れが悪く、今なら実験データの窃盗と言われかねません。残念なことにフランクリンは1958年にがんで亡くなっています。したがって、もちろんノーベル賞の候補とはなりえなかったわけですが、もし生きていたら選考委員会の頭痛の種となったと思われます。

この世紀の大発見におけるウィルキンスの影は薄いと言わざるをえません。『科学朝日』は、むしろ、DNAに含まれる4種類の塩基のうち2種類ずつ（アデニンとチミン、シトシンとグアニン）の数が等しいことを発見したエルヴィン・シャルガフ（Erwin Chargaff）に与えられるべきだったと言いたいようです。この事実をもとに、ワトソンはアデニンとチミン、シトシンとグアニンが空間的に結合しているモデルを構築したからです。

No. 4356 April 25, 1953 NATURE
737

MOLECULAR STRUCTURE OF NUCLEIC ACIDS

A Structure for Deoxyribose Nucleic Acid

WE wish to suggest a structure for the salt of deoxyribose nucleic acid (D.N.A.). This structure has novel features which are of considerable biological interest.

A structure for nucleic acid has already been proposed by Pauling and Corey[1]. They kindly made their manuscript available to us in advance of publication. Their model consists of three inter-twined chains, with the phosphates near the fibre axis, and the bases on the outside. In our opinion, this structure is unsatisfactory for two reasons:
(1) We believe that the material which gives the X-ray diagrams is the salt, not the free acid. Without the acidic hydrogen atoms it is not clear what forces would hold the structure together, especially as the negatively charged phosphates near the axis will repel each other. (2) Some of the van der Waals distances appear to be too small.

Another three-chain structure has also been suggested by Fraser (in the press). In his model the phosphates are on the outside and the bases on the inside, linked together by hydrogen bonds. This structure as described is rather ill-defined, and for this reason we shall not comment on it.

We wish to put forward a radically different structure for the salt of deoxyribose nucleic acid. This structure has two helical chains each coiled round the same axis (see diagram). We have made the usual chemical assumptions, namely, that each chain consists of phosphate diester groups joining ß-D-deoxy-ribofuranose residues with 3',5' linkages. The two chains (but not their bases) are related by a dyad perpendicular to the fibre axis. Both chains follow righthanded helices, but owing to the dyad the sequences of the atoms in the two chains run in opposite directions. Each chain loosely resembles Furberg's[2] model No. 1; that is, the bases are on the inside of the helix and the phosphates on the outside. The configuration of the sugar and the atoms near it is close to Furberg's 'standard configuration', the sugar being roughly perpendicular to the attached base. There is a residue on each chain every 3·4 A. in the z-direction. We have assumed an angle of 36° between adjacent residues in the same chain, so that the structure repeats after 10 residues on each chain, that is, after 34 A. The distance of a phosphorus atom from the fibre axis is 10 A. As the phosphates are on the outside, cations have easy access to them.

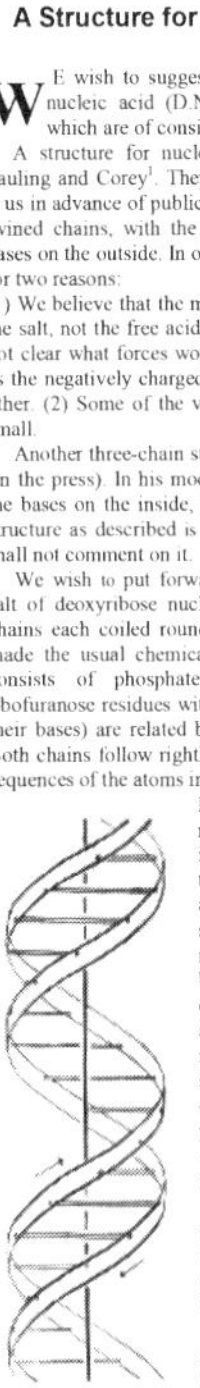

This figure is purely diagrammatic. The two ribbons symbolize the two phosphate—sugar chains, and the horizontal rods the pairs of bases holding the chains together. The vertical line marks the fibre axis

The structure is an open one, and its water content is rather high. At lower water contents we would expect the bases to tilt so that the structure could become more compact.

The novel feature of the structure is the manner in which the two chains are held together by the purine and pyrimidine bases. The planes of the bases are perpendicular to the fibre axis. They are joined together in pairs, a single base from one chain being hydrogen-bonded to a single base from the other chain, so that the two lie side by side with identical z-co-ordinates. One of the pair must be a purine and the other a pyrimidine for bonding to occur. The hydrogen bonds are made as follows: purine position 1 to pyrimidine position 1; purine position 6 to pyrimidine position 6.

If it is assumed that the bases only occur in the structure in the most plausible tautomeric forms (that is, with the keto rather than the enol configurations) it is found that only specific pairs of bases can bond together. These pairs are: adenine (purine) with thymine (pyrimidine), and guanine (purine) with cytosine (pyrimidine).

In other words, if an adenine forms one member of a pair, on either chain, then on these assumptions the other member must be thymine; similarly for guanine and cytosine. The sequence of bases on a single chain, does not appear to be restricted in any way. However, if only specific pairs of bases can be formed, it follows that if the sequence of bases on one chain, is given, then the sequence on the other chain is automatically determined.

It has been found experimentally[3,4] that the ratio of the amounts of adenine to thymine, and the ratio of guanine to cytosine, are always very close to unity for deoxyribose nucleic acid.

It is probably impossible to build this structure with a ribose sugar in place of the deoxyribose, as the extra oxygen atom would make too close a van der Waals contact.

The previously published X-ray data[5,6] on deoxyribose nucleic acid are insufficient for a rigorous test of our structure. So far as we can tell, it is roughly compatible with the experimental data, but it must be regarded as unproved until it has been checked against more exact results. Some of these are given in time following, communications. We were not aware of the details of the results presented there when we devised our structure, which rests mainly though not entirely on published experimental data and stereo-chemical arguments.

It has not escaped our notice that the specific pairing we have postulated immediately suggests a possible copying mechanism for the genetic material.

Full details of the structure, including the conditions assumed in building it, together with a set of co-ordinates for the atoms, will be published elsewhere.

We are much indebted to Dr. Jerry Donohue for constant advice and criticism, especially on interatomic distances. We have also been stimulated by a knowledge of the general nature of the unpublished experimental results and ideas of Dr. *M.* H. F. Wilkins, Dr. R. E. Franklin and their co-workers at King's College, London. One of us (J.D.W.) has been aided by a fellowship from the National Foundation for Infantile Paralysis.

J.D. WATSON
F.H. C. CRICK

Medical Research Council Unit for the Study of the Molecular Structure of Biological Systems, Cavendish Laboratory, Cambridge. April 2.

[1]Pauling, L., and Corey, R. B. nature, 171, 346 (1953); Proc. U.S. Nat. Acad. Sci., 39, 84 (1953).
[2] Furberg, S., Acta Chem. Scand., 6, 634 (1952).
[3] Chargaff, E., for references see Zamenhof, S., Brawerman, G., and Chargaff, E., Biochim. et Biophys. Acta, 9 402 (1952).
[4] Wyatt, G.R. J. Gen. Physiol., 36 201 (1952).
[5] Astbury, W.T., Symp. Soc. Exp. Biol. 1, Nucleic Acid, 66 (Camb. Univ. Press, 1947).
[6] Wilkins, M. H. F. and Randall, J. T. Biochim. et. Biophys. Acta, 10, 102 (1953).

図 5-2　ワトソンとクリックによる核酸のノーベル賞論文[123]

ベーリングと北里柴三郎

ノーベル賞のウェブサイトには、現在初回（1901年）から1965年までの候補者名の一覧が公開されています[124]。

1901年最初のノーベル生理学・医学賞の候補者はなんと128名もいますが、推薦者数のうえでいえばトップはパブロフの犬で有名なイワン・パブロフ（Ivan Petrovich Pavlov）で33名から推薦されました（1904年授賞）。実際授賞したのはエミール・ベーリング（Emil von Behring）で、13名からの推薦がありました。対象となった業績は「ジフテリアに対する血清療法の研究」でした。このリストの中には日本人北里柴三郎の名前もあります。彼はドイツに留学し、1885年にロベルト・コッホ（Heinrich Hermann Robert Koch）のもとで研究を始めました。ベーリングは1889年にコッホの助手となりました。

実はベーリングの研究の第1報「動物におけるジフテリア免疫および破傷風免疫の成立について」（1890年）は北里との共著でした。それならなぜ北里は賞をとれなかったのか。その原因についてアジア人に対する偏見・差別を挙げる向きもあります。

矢野暢は『ノーベル賞—二十世紀の普遍言語』（中央公論社 1988）で、資料調査の結果として、この第1回生理学・医学賞の最初の最終候補者はローランド・ロス（Sir Ronald Ross 推薦7名）とフィンセン（Niels Finsen 推薦5名）だったが、最後にどんでん返しでベーリングに決まったと述べています。その力学は今となっては不明です。『ノーベル賞の100年―自然科学三賞でたどる科学史』（中央公論新社 2002）を書いた馬場錬成は、選考委員会がベーリングが血清療法の発見や理論の確立を行ったと認め、人種差別はなかったと考えています。

賞を逃がした日本人

馬場錬成の『ノーベル賞の100年』では、そのほかノーベル賞を逃した日本人として、梅毒スピロヘータを発見した野口英世、世界で初めてウサギの耳にコールタールを塗って人工的に癌を作り出した山極勝三郎、ビタミンB1の発見者鈴木梅太郎、を紹介しています。

山極勝三郎の場合は、寄生虫によるがん発生を唱えたデンマークのヨハネス・フィビゲル（Johannes Andreas Grib Fibiger）が1926年に受賞したため賞を逃しましたが、後にフィビゲルの実験結果は誤りであることがわかり、人工がんを最初に作製したのは山極であることが歴史的に確定しています。本来なら山極が受賞すべきだったわけで、残念な結果となりました。このいきさつは、2018年10月10日に放映された「NHK歴史秘話ヒストリア まぼろしのノーベル賞」で紹介されました。

1929年にビタミンの発見でノーベル賞を受賞したのは、鈴木梅太郎ではなく、クリスティアーン・エイクマン（Christiaan Eijkman）とフレデリック・ホプキンズ（Sir Frederick Gowland Hopkins）でした。鈴木が賞を逃したのは、かっけの原因について東京大学農学部である鈴木のオリザニン（ビタミンB1）説に反対していた東京大学医学部が足を引っ張ったからではないか、と岡本拓司は推理しています。

野口英世は何回もノーベル賞候補に推薦されたましたが、第一次世界大戦による賞事業の中断、野口の黄熱病による死によってついに実現しませんでした。

ストレプトマイシン

結核の特効薬ストレプトマイシンを土壌の菌から発見して1952年のノーベル生理学・医学賞を受賞したのは、セルマン・ワクスマン（Selman Abraham Waksman）でした。しかし、実際にストレプトマイシンを発見したのは、当時ラトガース大学の彼の研究室の大学院生であったアルベルト・シャッツ（Albert Schatz）でした。1943年、当時23歳のシャッツは、結核菌などペニシリンが効かない菌を殺す抗生物質を探してわずか3カ月半でストレプトマイシンを見つけました。翌年メルク社が臨床実験を行い、実用化が進みました。

この研究成果はワクスマンと共著ではありますが筆頭著者として発表しています[125]。シャッツは特許については1946年にラトガース研究財団に譲渡しました。ところがワクスマンが研究財団との協定により、巨額の特許ロイヤリティーを取得していることがわかり、シャッツはワクスマンと財団を相手取って裁判を起こしました。この裁判は和解となり、ワクスマンはシャッツを共同発見者として認め、シャッツはロイヤリティーの一部を手にすることができました[126]。

ノーベル賞がワクスマンの単独受賞となったのは、メルクから資金を得て研究を主導したのがワクスマンであり、シャッツは単に他の多くの学生と並んで実験をし、たまたまヒットしただけとみなされたためと考えられます[127]。

3 研究成果の横取り

一般の会社と同じで、研究成果の横取りは後を絶ちません。たとえば、弟子の成果を自分のものとして取り上げる、あるいは、査読者、編集委員の立場を利用して、他人の成果の発表を妨害する、経歴の虚偽記載、などの不正行為が知られています。

査読論文を盗む

ソーマン事件

この事件は牧野賢治が訳した『背信の科学者たち』（ウイリアム・ブロード　ニコラス・ウェイド著　化学同人　1988）の213～242頁に書かれているものですが、典型的な査読論文窃盗事件なのでここで紹介します。1978年11月9日、NIHのヘレナ・ロッドバード（Helena Wachslicht-Rodbard）という研究者がニュー・イングランド・ジャーナル・オブ・メディシン誌に「神経性食欲不振とインシュリンの関係」について論文を投稿しました。その原稿の査読を依頼されたエール大学のフィリップ・フェリグ（Philip Felig）は、その原稿を部下であるヴィジェイ・ソーマン（Vijai R. Soman）に渡しました。実はソーマンはフェリグの指導のもとにまったく同じテーマで研究を行っていたのです。フェリグはロッドバードの論文に対して拒絶意見を出すと同時に、ソーマンはその論文を剽窃して1978年12月末に、フェリッグと共著でアメリカン・ジャーナル・オブ・メディシン誌に投稿しました。運の悪いことにその論文が査読のためにロッドバードにわたったのです。

ロッドバードはソーマンの論文が自分の論文の剽窃であることに驚き、ただちにニュー・イングランド・ジャーナル・オブ・メディシン誌の編集委員に抗議しました。同誌は事態に驚き、保留になっていたロッドバードの論文を掲載することにしました。

一方フェリグは、ロッドバードの上司であるNIHのジェシー・ロス（Jesse Roth）と話し合いました。ソーマンはすでに剽窃を認めていましたが、これ以上騒動を大きくしないため、ロスと相談のうえロッドバードを説得しようとしました。

ロッドバードはNIHでは問題が解決されないと判断し、1979年3月にエール大学に告発の手紙を書きました。その中で、彼女はソーマンの論文には剽窃だけでなく捏造の疑いもあることを指摘しましたが、エール大学はソーマンの反論を信じて重大視しませんでした。ロッドバードはNIHに監査を要求するとともに、自身はNIHを退職して医師となりました。ソーマンの論文は1980年1月、アメリカン・ジャーナル・オブ・メディシン誌に掲載されました。

1980年1月にNIHの新しい監査員は2月5日にソーマンと面談し、その際に患者のデータが発表された論文の曲線と一致しないことを発見し、ソーマンを追及したところ、ソーマンは捏造を認めました。その後ソーマンが執筆した14件の論文について調査が行われましたが、12件の論文のデータはすでに失われていました。

ロッドバードの告発に誰も耳を傾けなかったのは、彼女が無名の研究者であり、また女性であったことも大きいと思われます。

そのほか査読者が盗んだ例

●ミシガン州立大学教授のマリアン・スティックレン（Marian B. Sticklen）は、２０１０年にネイチャー・レビューズ・ジェネティックス誌に発表した論文の文章の一部が、自分が査読した他の研究者の論文の盗用であることを認め、謝罪して撤回しました[128,129]。本人は出典を明記しなかったミスであると述べています。

●タフツ大学メディカルセンターのマイケル・ダンジンガー（Michael Dansinger）らは論文をアナルズ・オブ・インターナル・メディシン誌に投稿しましたが、却下されました。ダンジンガーはその後、ＥＸＣＬＩジャーナルに、自分たちの原稿とほとんど同じ内容の論文が他の雑誌に掲載されていることを発見しました（その後撤回）。その論文の共著者の1人に、ダンジンガーらが投稿した原稿の査読者がいたのです。その査読者は盗用を認めました[130,131]。

●ケム・エレクトロ・ケムというワイリー社発行の雑誌に、２０１５年2月に掲載された中国蘇州大学教授ジュンウェイ・ディー（Junwei Di）の論文は、他の雑誌に掲載された別の研究者の論文の剽窃であるとして撤回されました[132]。彼は、自分が査読のため受け取った論文の大半をコピーして自分の論文として投稿したとのことです[133]。

10年以上前になりますが、当時早稲田大学教授の和田恭雄が、海外雑誌に投稿すると、研究の秘密が盗まれると警告しています[134]。

筆者も「一流」といわれている米国のある雑誌に投稿したとき、規模は小さいが同じような目に遭ったことがある。論文の査読期間がやたらと長かったので、当時一番早い通信手段であった航空便で何度も催促の手紙を送った。ところがその間にまったく同じアイデアに基づいた論文が同一学会系統のレター論文誌から出版された。その論文がサブミット（投稿）されたのは、筆者の論文が提出されてから約5ヵ月も後であった。

日本で発行されている著名な英文誌、トウホク・ジャーナル・オブ・エクスペリメンタル・メディシン2018年2号に、論文撤回の報告が掲載されています[135]。それによれば、中国のある研究者が準備していた論文（総説）を英文校閲業者に校閲のため渡したところ、その業者が別の研究者にその論文を横流しし、それが先に出版されたとのことです。ただし、出版された論文の共著者には、盗まれた原稿の著者も含まれており、なぜすぐばれるようなことをしたのか謎も残ります。

学生・部下や同僚の論文を盗む

金沢大学教授論文盗用事件

２０１４年5月20日、金沢大学は人間社会研究領域の教授が、指導している大学院生の未発表論文を自分の名前で発表したとして、1年間出勤停止の懲戒処分にしたと発表しました（朝日 ２０１４・5・21 石川朝刊 31頁）。

この大学院生は当初論文の筆頭著者でしたが、知らない間に著者からはずされ、この教授が筆頭著者となった論文が出版されたことに驚き、２０１２年12月に大学に訴えました。大学は、審査委員会による調査のうえ２０１３年9月に処分を決定しました。処分の発表が遅れたことについて大学側は、教授の不服申し立てを待っていたなど「慎重を期した」と述べています。教授は、この大学院生は体調を崩してずっと休学しており、論文作成にはたずさわれなかった、と反論しています。

この教授は大学を相手取って処分の無効確認、慰謝料請求などの訴えを起こしましたが、２０１６年3月5日、金沢地裁は請求を棄却しました。

大学院生は、２０１４年6月にこの教授を金沢地検に著作権法違反容疑で告訴しましたが、地検は11月に不起訴としました。大学院生は金沢検察審査会に不服申し立てを行ったところ、同審査会は2015年7月16日に「不起訴不当」と議決しました（読売 2015・7・25 石川朝刊 31頁）。しかし金沢地検は再度不起訴としました（読売 2016・3・5 石川朝刊 31頁）。

そのほかの例

そのほか、表5-1のような盗用事件が報道されています。

4 ハラスメント

大学などの研究室は一種の密室であり、研究室の教授は皇帝のようなものです。これまで述べてきたいくつかの研究室ぐるみの不正からも、教授には逆らえない研究者の姿が見えてきます。これまであまり表面化していませんが、パワハラ、セクハラなどのハラスメントはかなり研究界に存在すると考えられます。このうち、セクシャル・ハラスメントは、マスコミの興味を引くためか、日本でも早稲田大学教授渡部直己事件などいくつか表面化していますが、まだまだ水面下に埋もれて

表 5-1　新聞記事による部下などの論文を盗用した例

年月日	新聞名	概要	処置
1997/3/8	読売	鳴門教育大学教授が教え子の修士論文盗用の疑い	
1997/11/13	朝日	秋田市の高校教師、秋田大学名誉教授に研究成果を盗用と訴え	学問上の優先権は判断しない
1998/8/24	読売	名古屋工業大学学長、部下助教授の論文盗用	双方訴訟後和解
2002/1/24	読売	神奈川歯科大学教授、教室所属の講師の論文を盗用	横浜地裁 150 万円支払命令
2004/4/22	読売	県立宮城大学看護学部教授、論文盗用の疑い、教え子の学生の卒論も盗用か	停職 2ヵ月
2004/2/7	朝日	信州大学教育学部教授、大学院生の論文を盗用	
2004/11/7	朝日	愛知大学文学部教授、共同研究の同僚の論文盗用	譴責
2009/3/27	朝日	広島大学准教授、大学院生の論文盗用	諭旨解雇
2009/12/11	朝日	大阪大学産業科学研究所教授、共同研究者の特殊金属に関する業績を単独で論文、契約違反	
2015/11/14	朝日	早稲田大学商学学術院准教授、教え子の修士論文盗用	停職 4ヵ月
2016/3/10	読売	滋賀医大学医学部教授、学生の修士論文盗用学	懲戒解雇
2016/1/28	読売	福岡教育大学教授、教え子の卒業論文を盗用	停職 3ヵ月

いると思われます。

セクハラは海外でも大きな問題のようで、著名誌サイエンスを発行している米国科学振興協会では、2018年2月に開かれた年次総会で科学界におけるセクハラがテーマとして取り上げられたようです。また米国地球物理学連合では、セクハラや性差別を「研究不正」のひとつとして取り扱うことになりました（朝日 2018・3・29 東京朝刊 27頁）。また米国化学会も2017年にその機関誌C&ENで、「化学分野でのセクシュアル・ハラスメントに向き合う」という特集記事を掲載しました[136]。日本の科学界でも、この問題に向き合うことが求められています。

5 胃カメラ開発

胃カメラは日本人が発明し、今でも世界のシェアをほぼ独占している大発明です。アラジンの『陽は、また昇る』でも「シャープペンシル 新幹線 胃カメラ この国考えた」と歌われています。この発明は東京大学医学部附属病院分院の医師宇治達郎、オリンパス光学工業の技術者杉浦睦夫と深海正治の三人によって、終戦まもない1950年に達成されました（特公昭26-5221）。「戦艦武蔵」や「ふぉん・しいほるとの娘」などで有名な吉村昭は、1980年4月から「光る壁画」という小説を読売新聞で連載しました。世界で初めて胃カメラ（消化器内視鏡）を開発した人びとのドラマです。

吉村は文庫本のあとがきに「『光る壁画』は氏の他のドキュメンタリーとは性格が異なります」と書いています[137]。宇治達郎と杉浦睦夫の2人は実名で登場しますが、小説の主人公深海正治は「曾根菊男」という名前に替えられており、これに伴い大幅に創作がなされています。その理由は、この作品を新聞に連載執筆する際に「菊男」以外の当事者への取材が間に合わなかった（連載が急に決まったため）ことがあると思われます。「あとがき」では、

まず宇治、深海両氏に会い、病気療養中の杉浦氏にも連絡をとって、開発の動機、完成までの経過をきくことができた。

三氏の記憶は鮮明で、私は、それらの回想をもとに構想を練り、小説の構成の上で一つの試みをしようと思った。

と「三人から話を聞いたのちに」小説に取りかかったように読めます。しかし、杉浦睦夫の「宇治

先生の想い出・ガストロカメラをめぐって」[138]には、

それより少し前の（1986年：筆者注）四月十九日から読売新聞に「光る壁画」という小説が連載され始めていた。私はそんなことは全く知らなかったのであるが、知人が「杉浦さんの実名が小説に出ているよ」とわざわざその新聞を持って来てくれたのである。へえと驚くと共に、まだこの世に実在している人間に取材もせず、何の断りもなく、全くの実名で新聞小説に登場させるということの真意が計りかねた。新聞社に電話を入れると早速作者の吉村さんが訪ねてこられた。「杉浦さんは大病のため生死の境にあるとのことで取材を遠慮した」と言う。すでに始まってしまっている郡分を変える訳には行くまいが、私としては実名を使う以上、事実はなるべく曲げないで欲しいと申し出た。

と書かれており、取材が行われなかったと証言しています。

また、この記事には、杉浦が開発を決意した経緯について、宇治医師とオリンパス光学の諏訪工場で会ったのち、一緒に東京行きの汽車に乗ったことが描かれています。

八月三十一日午後四時何分、下諏訪発の準急列車に私は宇治先生と乗り込み帰京の途についた。降り続いている外の雨は益々激しさを加えて来る。そして列車が時々駅でもない所に停まるのである。車内はムンムンとして来た。

遂に「暴風雨のため列車は当分動きません」と言うアナウンスである。やれやれこの蒸し風呂のような車中で一夜を明かすことになるのか。それではと覚悟を決め、その夜はまんじりともせずに胃の中を撮る話に熱中した。何しろ体の中のことは皆目知らない技術屋と、光学のことには不得手な医者との議論である。お互いの思い違い行き違いが続く。しかし、日常の仕事から全く遮断されたこの列車内での長時間ディスカッションは、一気に研究の骨組みを作り上げることになった。あとは一つずつの問題点を解決して行けばよい。こうなれば先ず実験だ。早く実験に取り掛りたい。「宇治先生、会社へ来て下さい。僕の所で一緒に実験をしましょう」。

思えば胃カメラ誕生の運命はこの夜決ったのである。


「光る壁画」では上記車中のエピソードにまったく触れられていませんが、これも杉浦睦夫に取材しなかったためと思われます。深海正治はその後12月から応援に来たので、当然このエピソードは知らない訳です。後から参加した深海（曾根菊男）を主人公としたため、プロットに無理が生じ、事実と大幅に異なってきていると考えられます。

なおこの開発のエピソードはＮＨＫの「プロジェクトX　挑戦者たち　執念の逆転劇　ガンを探し

出せ／完全国産・胃カメラ開発」（２００１年４月18日）として放映され、話題になり、ＤＶＤや本も発売されています。この番組は杉浦睦夫のメモなどを基にしたもので、事実により忠実な内容になっています。キティー台風のエピソードも紹介されており、当然のことながら小説「光る壁画」とは大きく違った内容となっています。

「光る壁画」は２０１１年にテレビ朝日テレビドラマになりました（「オリンパスドラマスペシャル光る壁画」２０１１年10月１日放映）。こちらの方では「プロジェクトX」を参考としてキティー台風のエピソードが追加されましたが、杉浦のメモとは異なり、菊男が同席していたように創作されました。

このように、研究開発をめぐる歴史的事実はなかなか特定が困難なものです。特に複数の研究者が係わった場合、すべての話を総合しないと事実が現れてこないことがわかります。

6 研究者を食い物にするビジネス

論文代行

医師で作家でもある米山公啓は雑誌『経済界』のウェブの連載の記事「医学博士論文を考える」の中で、次のように述べています[139]。

　博士論文の研究のネタは、原則として、教授や助教授が提供し、上司が部下の指導に当たるのが原則だ。しかし「指導」とは名ばかりで、出来の悪い部下に成り代わり、上司が博士論文をすべて書いてあげるケースも少なくなかった。

　ここでは「上司」とされていますが、実際は「上司」が他の研究者などに「指示して」書かせることもあるでしょう。筆者も医学論文ではありませんが、代筆を命じられた経験があります。さらには、論文代行業者に依頼するケースもあると思われます。

ウェブで「論文代行」と検索するとかなりの業者が見つかります。

米国ではWriting Serviceと呼びますが、何と学生が選んだ良い代行業者ランキングも公表されています[140]。ランキングは価格、品質、サポート、スピード、使いやすさなどで評価されているようです。

ここでトップとされたGrabMyEssayというサービスのウェブサイトを見ると、対象は学生の感想文（say）、レポート、卒業論文、学位論文などとなっています。またPremier essayという会社は学位論文（MA/MS, PhD）専門となっています。

図 5-3　論文代行業者の例[141]

イランでは学位取得のための博士論文の代筆が大規模に行われていると朝日新聞が報道しています（朝日 2014・6・25 朝刊 12頁）。ある卒業生は「私のまわりでも3～4割の学生が利用していました」と証言しています。

　中央大学教授の杉浦宣彦は論文代行業者を使うことは、「替え玉受験」（最高裁平成6年11月29日）と類似しているとも考えられ、その場合は私文書偽造罪に問われる可能性があると指摘しています[142]。

　より巧妙な方法として、共著者名の追加サービスがあります。サイエンティフィック・アメリカンの記事[143]によれば、MedChina（すでに閉鎖）というサイトは、論文を売るというサービスを行っていました。そこでは、1万5000ドル払えば、受理間近の論文に著者として名前

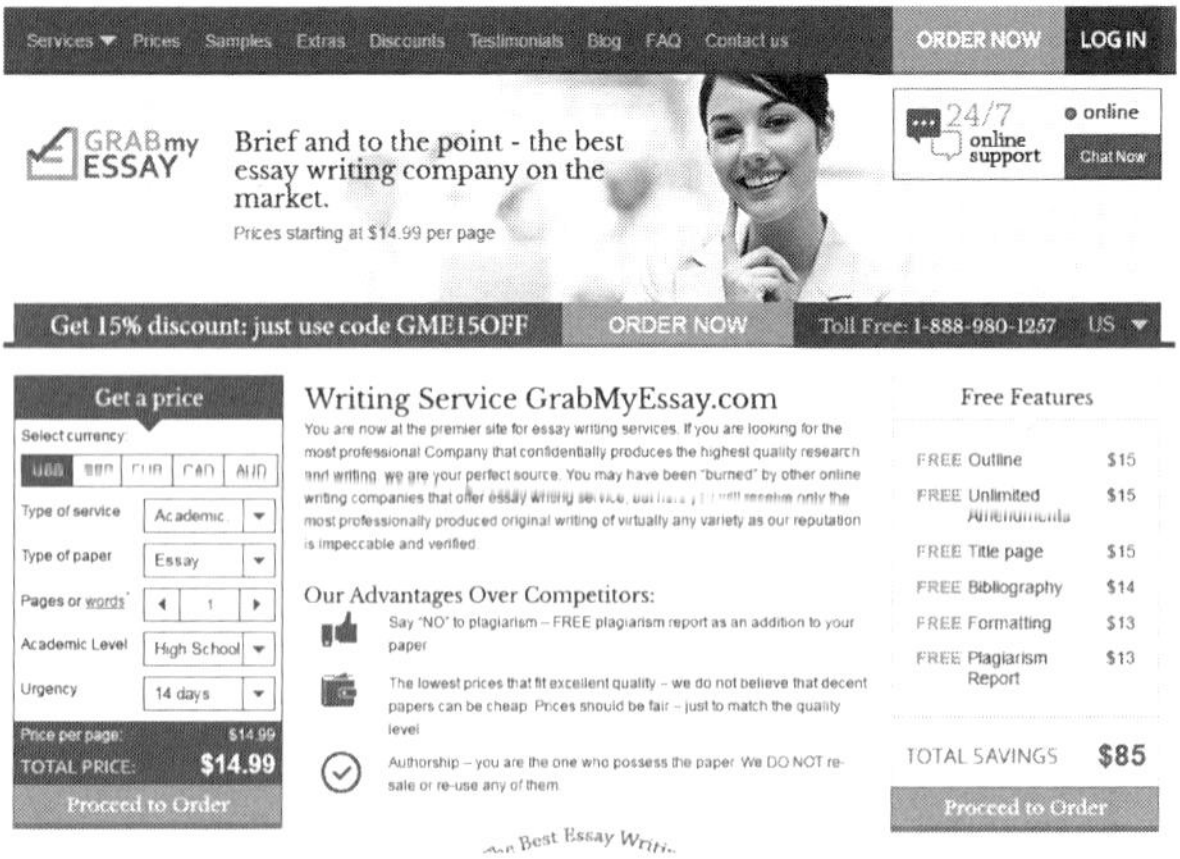

図 5-4　米国の論文代行業者の例[144]

を追加してくれるとのことでした。実際クリニカル・エンドクリノロジーという雑誌では、査読中の論文に著者名が追加されたという怪しい事例を発見しています。研究不正が商売になるというおぞましい事態になっています。

肉食ジャーナル

現在学術雑誌の世界ではオープンアクセスが力を増しています。オープンアクセスとは、ウェブ上で公開された論文を誰でも自由に、無料で読むことができるようにしようという運動ですが、現在オープンアクセスの主流は著者が掲載料（すなわち雑誌の編集やウェブ公開に必要な費用）を支払うというビジネスモデルです。このモデルでは、一般に査読はほとんどないか、あるいは簡単な査読で迅速に論文が公開できるので、開発途上国中心に投稿が増大し、たいへん成功しています。これに伴い、掲載料をだまし取ることが主目的と思われる「怪しげな」雑誌が大量に刊行されるようになりました。こうした雑誌は英語でPredatory Journalといいます。日本語では「肉食ジャーナル」ということになりますが、最近は「はげたかジャーナル」という人も多いようです。

コロラド大学デンバー校の図書館員ジェフリー・ベールが運営しているScholarly Open Accessというサイトでは、独立雑誌リスト（List of Standalone Journals）を公表しています。これらは、いわゆる「肉食ジャーナル」の可能性が高いとされています。２０１７年１月８日現在で、そこには１３１０件の雑誌が登録されています。こうした雑誌の多くは、出版社や編集委員の身元が明らかでなく、２～３号出版したら閉鎖されたりしています。ベールはこのような肉食雑誌を発見するポイントについても書いています[145]。

ベールが最近話題にしたのはジャーナル・オブ・バイオスペクトラカルという雑誌（図５−５）[146]ですが、この雑誌のタイトルにあるBiospectracalという語は存在しない、“Download”が“Downlad”となっている、などミスタイプが目立ちます。また、なぜか姓biospectracal名editorとしてORCIDのIDが登録されている、アーカイブを見ると第１巻第５号と６号があるが１～４号は存在しない、編集長（S. Narendhran）には何

図 5–5　ジャーナル・オブ・バイオスペクトラカルの表紙

の肩書き・所属もない、出版社名がどこにも書かれていない、ロゴがシュプリンガー社のものに酷似している、など学術雑誌の体裁が整っておらず、典型的な「肉食ジャーナル」ということができます。

なお、ベールのサイトは2017年1月17日に突然閉鎖されました[147]。理由は明らかにされていませんが、リストに掲載されている雑誌から大学に対して「告訴する」などの脅しがあったのではないかと推測されています。ただし、このサイトのアーカイブはウェイバック・マシーンにあるので、誰でも読むことができます。

オーストラリアのピーター・ヴァンプリュー（Peter Vamplew）は、こうした雑誌から「論文を投稿しないか」とのメールがひっきりなしに来るのに頭にきて、でたらめ論文を、インターナショナル・ジャーナル・オブ・アドバンスト・コンピュータ・テクノロジーという雑誌に投稿してみたそうです[148]。その題名は「このクソメールリストから俺の名前を削除しろ（Get me off Your Fucking Mailing List）」というもので、中身はこのセンテンスがひたすら繰り返されているものでした。

驚いたことに、直ちに「素晴らしい論文なのですぐに掲載します。150ドル支払ってください」との返信メールが届きました。ちゃんと査読結果付きでした。

あきらかに、まったく査読は行わず、機械的に論文を掲載しているのです。なおこの雑誌は20

Get me off Your Fucking Mailing List

David Mazières and Eddie Kohler
New York University
University of California, Los Angeles
http://www.mailavenger.org/

Abstract

Get me off your fucking mailing list. Get me off your fucking mailing list. Get me off your fucking mailing list. Get me off your fucking mailing list. Get me off your fucking mailing list. Get me off your fucking mailing list. Get me off your fucking mailing list. Get me off your fucking mailing list. Get me off your fucking mailing list. Get me off your fuck-

図 5-6　ヴァンプリューが投稿したでたらめ論文

International Journal of Advanced Computer Technology (Online)

http://www.ijact.org
Email:editor@ijact.org,submit_ijact@yahoo.in

REVIEW FORM

Paper ID	IJ0350030
Paper Title	Get me off Your Fucking Mailing List

NOTE: 1. Excellent 2.Very Good 3. Good 4.Fair 5. Very Poor

1. Appropriateness to publish in IJACT　　Option: Excellent

図 5-7　ヴァンプリューの投稿に対する査読結果報告

18年10月現在でも実在しています（150ドル払わなかったので、この論文は掲載されていません）。

大東文化大学准教授のジェームズ・マクロスティ（James McCrostie）は、学会（学術大会）でも怪しいものがあると述べています（産経ニュース 2016・9・30）。准教授はためしにでたらめな論文をSCIgen[149]という自動論文作成（おふざけ）プログラムを使って作成し、東京で開かれるある学会に投稿してみました。論文名は「Analyzing Lambda Calculus Using Symbiotic Models」というものです。するとすぐに審査に通ったので学会に出席しろというメールが来ました。参加費は500ドルでした。当日記者も同行してホテルで開かれた会場に向かうと、参加者はほとんど中国、台湾、東南アジアからの参加者のようでした。

一応学会の体裁はとっていますが、マクロスティによれば、「これは発表することが目的。つまり出席する人にメリットがあって、例えばある准教授がいたとして、今年中に論文を出さなければ教授になれない。そういった人が、この『学会』を利用して、学位論文を稼ぐ。また、英語で発表する。しかも国際学会、そういうものが箔付けになる国が東南アジアなどにその傾向があります」とのことでした。

第6部

研究不正は防げるか

研究不正が見つかると、新聞・テレビなどのメディアの矛先は政府や学会などに向かいます。メディアは「なぜ不正が起こったのか」「どうして防げなかったのか」の答えを性急に求めます。政治や経済など、社会の他の部分でも不正は横行しているのですが、研究社会に対しては、過度な潔癖を求め、そのためにさまざまな制度をつくって、逆に研究の活力を削いでいるのかもしれません。実は研究論文などの不正防止の仕組みは極めてよくできており、軽微な不正の多くはチェックされて取り除かれています。また、前述のように、ネットによるチェックも適正に働いていると考えられます。このような仕組みについて紹介します。

1 研究不正はなぜ起こるか

研究不正は社会的現象

研究不正がなぜ起こるのか。新聞や週刊誌が興味をもつのは、社会的に地位の高い大学教授が（刑事事件ではないにしろ）一種の犯罪行為に手を染めたこと、また自分たちが一時持ち上げたヒーローが、一転して地に落ちることが、記事として面白いのであって、そこに至る原因や理由を深く掘り下げているとは思われません。「研究倫理も地に落ちた」と言われても、何の解決にもなりません。

研究者側からよく言われることは、Publish or Perish（発表しなければ滅びる）、すなわち、研究者が論文を出さなければ自滅するしかない、という圧力です。これは欧米では厳然たる事実でしたが、わが国でも、正規の助教、教授などの地位につくのが極めて困難な時代となり、同様の事態となっています。多くの若い研究者は3年程度の期限付き雇用となって、その短い期間に何本も論文を発表することが要求されます。若い研究者にとっては極めて困難な時代となりました。

京都大学iPS研究所での研究不正においても、問題の山水康平は期限付きの雇用の助教でした（京都新聞 2018・1・22）。

一方、データの捏造や改竄は、近年産業界で多発しています。話題になったものだけでも、東洋ゴムの耐震ゴムデータ偽造、旭化成グループの杭打ちデータ偽造、三菱自動車やスズキの排気ガスデータ偽造、フォルクスワーゲンの排気ガスソフトの加工、スバルのデータ書き換え、神戸製鋼所やKYBの品質データ改竄などなど、産業界ではデータは極めて軽くみられていることが明らかです。研究界がこのような風潮から独立したパラダイスであるとはとても考えられません。

研究の危うさ

これまで見てきたように、理工医系の研究不正には捏造と加工があります。よく「ヒヤリ、ハット」と言われる。「ハインリッヒの法則」によれば、1件の重大な事故の背後には、29件の軽い事故があり、300件もの事故とならなかった事象（ヒヤリ、ハット）があったとされるものです。これを適用すれば、1人の重大な不正の影には29人による見つからなかった不正があり、300人の軽い不正がある、といってよいことになります[150]。

ｉＰＳ研究所事件では、「論文の見栄えをよくしたかった」と問題の助教が述べたと報じられています。どんな研究者でも「見栄えをよくする」ための次のような加工をしなかったとは言いきれないと思います。

① Cherry-Picking（いいデータだけ使って、目的にあわないデータを捨てる）
② Cooking（ちょっとグラフを加工）
③ Cosmetic manipulation（フォトショップによる画像の加工）

このような「ちょっとした操作」にはあまり罪の意識がないかもしれませんが、研究不正という観点からすると、「ハインリッヒの法則」でいう３００件の不正とみなすことができます。すなわち、多くの研究者が、重大な不正に足を踏み入れる危険をもっているということです。その一歩を踏み出すと、後は破滅の道となります。それを外部の力で未然に防ぐのはこれから述べるさまざまな仕組みです。

2 論文の自動チェック

盗用の検出

論文の盗用を検索する剽窃チェック・ツールが普及しています。よく知られているのは、学術論文のチェック用にクロスレフ社が提供しているクロスチェック（今はクロスレフ類似性検出と呼ばれています）と大学の学生レポートのチェックに使われているターニティンです。実はどちらもアイパラダイム社のアイセンティケートというソフトウェアを使用しており、利用するデータベースが異なっているだけです。

このチェックの原理は対象の論文・レポートとアイセンティケートが蓄積したデータベースと比較し、似ている文章があった場合、類似度を表示するものです。このデータベースには、ウェブで収集したさまざまな文書に加えて、出版社が提供している学術論文の全文が収められています。わが国でも、早稲田大学、徳島大学、福井大学、東京大学、名古屋大学、大阪大学、一橋大学、広島大学などターニティンを導入する例が増えています。

科学論文の場合、クロスチェックを使う主たる目的は二重投稿の防止のようです。他雑誌に投稿した自分または他人の論文をそのままコピーして投稿する著者が後を絶ちません。当然後述のサラミ論文も重複率が高くなります。しかし、重複率が高くても剽窃とは言えない場合もあります。たとえばジャーナル・オブ・ボーン・アンド・ジョイント・サージェリーの経験では、前論文のデータマイニングに関する論文（類似度45％）、追加研究の論文（類似度67％）などがありました[151]。

それでも、このようなチェック・ツールを導入しているとウェブサイトに記載するだけで不正防止効果があると考えられます。

クロスチェックやターニティンは事実上英語用なので、日本語論文やレポートには独自なものが望まれました。このようなツールとしては、金沢工業大学教授の杉光一成が開発した「コピペルナー」などがあります（読売 2014・6・5 夕刊 10頁）。

画像の捏造検出

不適切な画像処理

フォトショップなどのツールを使うと、写真画像は簡単に修正・加工ができます。そこにいない人を追加したり、邪魔な樹木を消したりすることは簡単です。しかし、同じことを研究論文で行うと、大きな問題になることはこれまで述べてきたとおりです。しかし、ちょっと画像のコントラストを上げるとか、ゴミを消すなどのことはやったことのある研究者は多いのではないでしょうか。しかし、これらも基本行ってはいけません。

論文不正に関する不適切な画像処理については、２００４年にＪＣＢという雑誌で報告された指針[152]がよく知られています。また、warbler's diaryというサイトにまとめられているので参考にしてください[153]。そこには「不正とされる画像処理」について次のように書かれています。

1. コピー&ペースト（あたりまえ）←しかし、過去の捏造の大部分はこれ
2. タッチアップ（写真の傷を修正するためのツール）の使用
3. 画面の一部のみ、明るさやコントラストを変更すること
4. 異なった時間・場所で行なった実験結果を、あたかもひとつのデータのようにみせること（たとえば、同じ電気泳動ゲル上の離れたレーンを近づけた場合でも、あいだには境界線を描かなければならない）

これらのほかに、画像全体の明るさやコントラストを変更している場合でも、過度の操作によっ

て本来見えていたバンド等が消えてしまう状態にまでするのは不適切です。

ビジネスとしての改竄と検出

　写真の偽造は商売になっているようです。浮気の警告など「目的を達成する高精度な写真の改竄・偽造」を引き受けるというウェブサイトが存在します[154]。

　この会社は逆に合成写真を解析して嘘を見破ることもできると宣伝しています。典型的な矛と盾の関係のようです。

　科学技術論文の写真の加工を検出するソフトは米国研究公正局から提供されています[155]。また民間でも Forgery Detection Plugin などが提供されています[156]。

　たとえば図6-1下中央の写真では猫が2匹、

右側の女性を差し替える改竄の工程

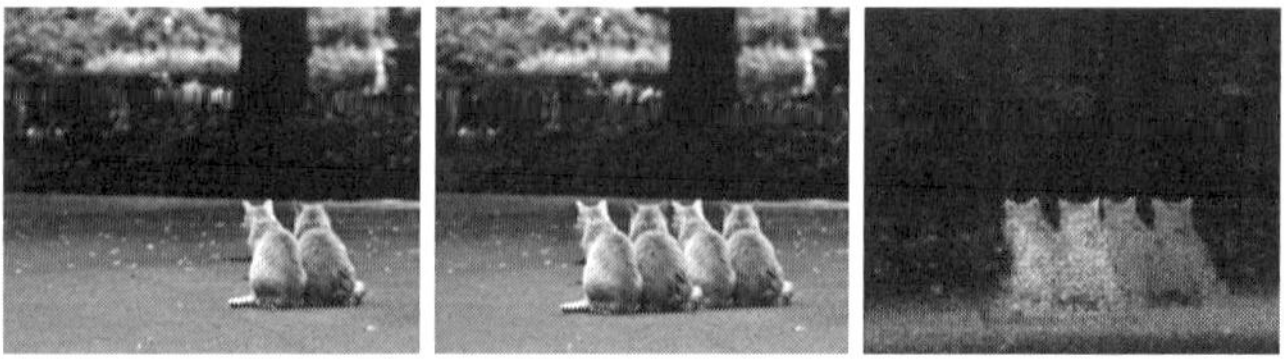

本来そこにいない猫を描き足した改竄を検出

図6-1　写真改竄の例

コピー＆ペーストで追加されていますが、これを検出することができます。

3 論文の審査で不正は見抜けるか

先に論文の審査の仕組みを説明しました。論文を査読する研究者は、あくまで論文に書かれている記載のみを頼りに審査するので、そこに偽りが記載されていても容易にはそれがわかりません。査読では、基本的に使われている手法や技術が妥当であるか、結論に論理的誤りはないかを吟味するので、図表が細工されていてもそれを見抜くことは不可能です。今まで聞いたことがない新しい知見が書かれているときも、査読者は性善説にのっとってそれを審査します。過去の例でも、査読の途中で不正が発見されたのは極めてまれです。査読のために受け取った論文が、たまたま自分の研究を盗んだものだった、という、限られた例があるのみです。

したがって、前述の「剽窃チェック・ツール」を除き、学術雑誌における論文審査で不正を発見することはまず困難といってよいと思います。

4 さまざまな指針

研究発表が今日のように国際化されたのは、電子ジャーナルが普及してきた今世紀に入ってからであり、まだ20年にもなっていません。それ以前は、研究不正や論文不正は地域的なルールで対応され、不適切に処理された事件も多数あったと想像されます。しかし、研究発表が国際的になると、それに対応した国際的に統一された倫理規定やルールが必要となってきました。よく知られているのは「生医学雑誌の投稿原稿の統一的要件」と「COPE」です。またわが国でも、近年、文部科学省、学術会議、各学会などで、倫理規定や処理のルールを定めました。

医学雑誌論文のための勧告

よく知られているのは、医学雑誌編集者国際委員会（International Committee of Medical Journal Editors：ICMJE）が作成している「医学雑誌のための研究の遂行、報告、編集、出版に関する勧告（Recommendations for the Conduct, Reporting, Editing, and Publication of Scholarly Work in Medical

Journals)」[157]です。わが国ではバンクーバースタイルという名称で知られるようになりました。この「勧告」は毎年のように改定されています。わが国では「スタイル」という呼び方でわかるように、引用文献の書き方の基準としてしか知られていない部分もありますが、実は以下のように学術雑誌の執筆・編集の全分野をカバーしています。現在の版（２０１７年版）の目次は次のようになっています。

Ⅰ　本勧告について
Ⅱ　著者と共著者、編集委員、出版者、出版会社の役割
Ⅲ　学雑誌の出版における出版および編集上の諸問題
Ⅳ　原稿の作成と投稿

研究者がよく参考にするのはⅣの論文原稿の書き方に関する部分で、たとえば引用文献の書き方などがまとめられています。しかし、本書の目的では、ⅡとⅢが重要です。

ⅡのBでは、Authorshipについて述べられています。Authorshipは日本語に訳しにくいのですが、「著者を名乗る」というような意味です。科学・医学の論文では、複数の著者が記載されていることが多く、誰を著者に選ぶかが問題になります。この「勧告」では著者として記載されるには、

①研究の計画を立て、データの取得、分析、解釈を行い、
②論文原稿を執筆し、
③修正を経て最終原稿に目を通し、
④研究の正確さや統一性についてのいかなる質問にも答えることができる者

とされています。特定の部分を別の共著者が担当した場合は、それを明確にすることが求められます。この4点を満たさない研究関係者は「謝辞（Acknowledgement）」の部分で触れるとしています。

現実には、必ずしもそのようになされていません。単に上司である、とか、お世話になったから、という理由で、共著者に追加する、いわゆる贈与著者（Gift Authorship）が横行しています。逆に実際に手を下して実験を行ったのに、上司である教授が論文を横取りすることもあります。あるいは、捏造などの事件が起きると、共著者は「論文をちゃんと読んでいないのでわからない」とか、「相談を受けていない」などと逃げてしまいます。こうした問題を解決するため、現在著者の役割を論文の書誌事項で明記しようという計画がすすんでいます。これはクレディット（ＣＲｅｄｉＴ）というプロジェクトで、後述します。

また、Ⅲの Bでは、研究における不正行為の禁止について述べられています。不正行為には、捏造（画像捏造も含む）、剽窃だけでなく、臨床試験の結果を隠すことも不正であるとしています。さ

らに論文投稿においては、二重投稿（同じ論文を複数の雑誌に投稿すること）の禁止について述べられています。さらにサラミ論文（ひとつの研究結果をこま切れにし、複数の論文にすること）も好ましくないとしています。

COPE

出版倫理委員会（Committee on Publication Ethics）[158]は国際的な学術出版編集者と出版社の団体で、各種ガイドラインを公表しているほか、編集上のさまざまな事例をCasesとして報告しており、参考になります。

とくに、論文に不正を発見した時、どのように対処すべきか、という18ページに及ぶフローチャートが整備されており、実用性が高いものです。[159]日本語のものもあり、雑誌編集者に活用されています。

文部科学省

文部科学省は２０１４年に「研究活動における不正行為への対応等に関するガイドライン」を決定しました。[160]ここでは特定不正行為として、捏造、改竄、盗用、を指定しています。その特徴は、

①「大学等の研究機関の管理責任」を明確にしたこと
②研究倫理教育の実施
③研究データの保存・開示
④不正行為の疑惑が生じたときの調査手続や方法等に関する規程等の整備

などです。このガイドラインは科学研究費やその他の競争的資金で行われる研究が対象となります。また厚生労働省は主として利益相反や患者保護など研究倫理面での指針をまとめています。

ここでは、「得られたデータや結果の捏造、改竄、及び他者の研究成果等の盗用」が、不正行為に該当するとしているほか、二重投稿および不適切なオーサーシップも不正行為として認識されつつあるとしています。「二重投稿」については、前述「医学雑誌論文のための勧告」にも記載されていますが、正当な場合も多く、これを過度に重大視して研究者を罰するのは行き過ぎであると思われますが、一部の大学では過剰反応もみられるようです。

日本学術会議

日本学術会議は、文部科学省の上記ガイドラインにしたがっての審議依頼に答え、2015年3

月に「科学研究における健全性の向上について」との報告をまとめています[161]。その主な点は、

①特定不正行為以外の不正行為として、「二重投稿の禁止」と「オーサーシップのあり方」について検討

②実験データ等は論文発表から10年間保存、試料や標本などは5年間保存を原則

③利益相反、査読における不正などにも言及

④研究倫理教育の参照基準

⑤各大学の研究不正対応に関する規定のモデルの提示

を提言しています。ここで実験データの10年保存を明確にしたことは極めて意義があります。またこれまで研究不正への対応は各大学がばらばらに、はっきりいえば「ドタバタ」行って来たことを考えると、⑤のモデルはたいへん役に立つと思われます。またここでは告発者の保護について明記されています。

そのほかのガイドライン

そのほか、各学会や大学などもそれぞれ研究ガイドラインを公表しています。これらについては科学技術振興機構（JST）が「研究公正ポータル」[162]において紹介しています（海外のものも紹介されている）。

いくつか表6−1に紹介します。

5 米国研究公正局

米国研究公正局（Office of Research Integrity：ORI）については山崎茂明が訳した『ORI　研究倫理入門―責任ある研究者

表6-1　官庁、研究所、学会が作成した倫理規定

作成者	ガイドライン名
厚生労働省	研究に関する指針について
理化学研究所	健全な研究活動に向けた取り組み
国立研究開発法人産業技術総合研究所	国立研究開発法人産業技術総合研究所における研究ミスコンダクトへの対応に関する規程
公益社団法人日本化学会	日本化学会倫理規定
社団法人日本機械学会	論文投稿・校閲に関する倫理指針に違反した場合の調査委員会の発足と罰則規定の申し合わせ事項

になるために』（Nicholas H. Steneck 丸善 2005）に詳しく書かれています。研究公正局は前身である科学厚生局（Office of Scientific Integrity：OSI 1989年3月設立）を引継ぎ1992年に米国公衆衛生局（Public Health Servcie：PHS）の中に設立されました。その主な役割は、

①米国公衆衛生局が資金提供した研究の公正さを監視し、不正を防止する
②研究不正の実態をまとめ、必要な行政的措置を提言する
③研究不正防止に関する機関方針を検討する

となっています[163]。

最近ORIが取り扱った事件一覧を見ると（表6-2）、2014年以降の増加が目立ちます。前局長のデビッド・ライト（David Wright）は、研究不正は増えているのかとのサイエンス誌の質問に対して、「わからない、増加しておらず発見されやすくなっているだけだ、という説もあり、一方で研究者への心理的負荷が増大し、捏造への誘惑が増していると

表 6-2　研究公正局が取り扱かった事件数

年	事件数
2008 年まで	3
2009 年	1
2010 年	1
2012 年	3
2013 年	1
2014 年	11
2015 年	14
2016 年	7

の意見もある」と答えています[164]。

この件数は、調査がなされた件数であり、実際には調査の人手が足りないのではないかとの意見もあります。わが国でも類似の機関を作るべきではないかとの意見もありますが、実現していません。

6 データのオープンアクセス

近年データのオープンアクセスの動きが強まっています。これは、研究論文に記載された図表の元となるデータを公開すべきであるという動きです。研究者にとっては負担となるものの、他の研究者によるデータのチェックを可能にすることで、研究不正を防ぐことができると考えられます。またオープンサイエンスの一環として、データの再利用をうながし、新しい研究や知見を創出する効果も期待されています。

2013年2月に米国大統領府科学技術政策局（Office of Science and Technology Policy：OSTP）

が発表した覚書[165]では、連邦政府が助成した研究成果論文を公衆アクセスさせる方針とともに、データの公衆アクセスについても述べられました。こうした動きに呼応して、学術雑誌出版者でもデータの公開を義務化するところが出てきました。英国の医学雑誌BMJは2012年、著者に対して臨床治験データの公開を要求することとしました[166]。また著名なオープンアクセス雑誌PLOSも2014年から、論文の著者にデータ公開を義務づけています[167]。こうした動きは、生医学分野で広がる傾向にあります。2018年には、マイクロソフト研究所が、自分たちの研究結果のデータセットを公開すると発表しました[168]。

今後は「実験データが見つからない」などの言い訳は通用しなくなってきます。

7 そのほかの仕組み

「ES細胞事件」「STAP細胞事件」など多くの研究不正が、ネットの世界で発見・告発されてきました。これは電子ジャーナルの普及により、論文の全文がすぐに閲覧できるようになったことが大きな理由です。さらに近年、論文にこれから紹介するような新しい情報が追加されるようになり、不正発見に威力を発揮することが期待されています。

ORCID

ＯＲＣＩＤは、オーキッドと発音します。蘭の花のオーキッドと同じ発音です。もともとOpen Researcher and Contributor IDの略ですが、最近はＯＲＣＩＤが正式名として使われています。

ＯＲＣＩＤは研究者登録のシステムで、科学研究費の研究者番号のように、各研究者が登録して番号を入手します[169]。ちなみに筆者のＯＲＣＩＤ．ｉＤは００００-０００３-１２３６-１

図6-2　筆者のORCIDレコード

930です。

ORCIDのレコード、研究者の所属等の情報に加え、執筆論文や著書の情報も掲載しています。その点は日本のResearchmapと似ています。ORCIDの特徴は国際的なシステムであることで、主要な学術出版社などが利用しており、日本の学会でも利用の動きがあります。ORCID iDを論文投稿時に記載すれば、二重投稿や盗用のチェックに役立ちます。不正のひとつとして、偽の共著者を論文に記載するものがありますが、共著者のORCID iDを入力させれば、そのような偽造を防ぐことができます。

クロスレフ・オープン助成機関台帳

最近の科学研究は、政府機関その他の助成機関、あるいは民間企業から研究助成を受けて行うことが普通になっています。その場合、どこから資金を受けているかが問題となります。特に企業から資金をもらう場合は、その企業の利益に沿って研究結果を曲げて「利益相反」行為に陥らないことが重要です。こうした情報はこれまで論文の謝辞に掲載されていましたが、書き方がばらばらで、調べることが困難でした。

この問題を解決するため、まず資金提供者の一覧データベース、クロスレフ・オープン助成機関台帳（Crossref Open Funder Registry）（旧ファンドレフ）がクロスレフによって作成され、更新されています。これにより研究助成機関の正しい名称が記載できます。

さらに、この資金助成データを謝辞（だけ）ではなく、書誌事項に記載しようという動きがあります。これはＮＩＨなど米国連邦政府の研究助成機関の強い要望から実現する見込みです。助成研究番号なども明記する方向です。

CRediT

オーサーシップは大きな問題です。ギフト・オーサーシップや著者の不当な排除などを防止するため、ＣＲｅｄｉＴ（Copntributor Rol Taxonomy）というプロジェクトが開始されました。これはＣＡＳＲＡＩ（Consortia Advancing Standards in Research Administration Information）が中心となって作成した基準で、論文に著者名を記述するときに、その役割（role）を記載しようという運動です。たとえば、これまで著者の欄には、

山本一郎，海野美里，佐藤元子，飯田ひかる，大内博之，田淵健，飯山忍，柴田恭子．

としか書かれていなかったものが、

Conceptualization（構想），山本一郎，海野美里：Methodology（手法開発），山本一郎，海野美里：Investigation（実験実施），佐藤元子，飯田ひかる，山本一郎，海野美里：Writing – Original Draft（原稿執筆），山本一郎，海野美里：Writing –Review & Editing（原稿査読），山本一郎，海野美里：Funding Acquisition（資金調達），山本一郎，海野美里：Resources（研究資材調達），大内博之，田淵健：Supervision（指導），飯山忍，柴田恭子．

のように詳細な役割を記述するようになるので、科学技術論文スタイルの一大革命となりま

Contributions

Y.T. and N.S. conceived this study. N.S., K.S.-K., T.M., J.I., K.K., R.N., K.N., S.S., M.S., H.I., H.M., H.S., and Y.Y. participated to the research cruises, H.T. collected rock samples by diving, K.H., K.K. and R.N. analyzed rock samples, and T.C. created a red relief image map. All authors contributed to the preparation of the manuscript.

図 6-3　俳優の滝沢秀明（H. T.）の寄与が記載されている例

す（セル誌の例[170]を元に筆者が修正・加工）。こうすると、上司が部下の研究を盗んだり、関係ない研究者が名前だけ共著者になることが難しくなると期待されています。

２０１８年2月、俳優の滝沢秀明が科学論文の共著者となったと話題になりました[171]。これは、神戸大海洋底探査センターが「鬼界カルデラ」にある溶岩ドームを調査した際、滝沢が自ら潜水し、岩石を採取したもので、論文[172]には、図6-3のように寄与が記載されています。ここで「H. T. collected rock samples by diving.」とあるのが滝沢のことです。フルネームは著者の項にJohnny & Associates, Tokyo, Japan. Hideaki Takizawaと明記されています。これはＣＲｅｄｉＴの考えに沿った記述で、今後はこのような書き方が推奨されます。

これらＯＲＣＩＤ、クロスレフ・オープン助成機関台帳、ＣＲｅｄｉＴなどのプロジェクトは相互に協力しあって進んでおり、学術論文の公正性を高めることに寄与しています。今後はさらに研究機関の識別子も開発される見込みです。

Ｆ・Ｄ・Ｃ・ウィラードという研究者はＪ・Ｈ・ヘザリントンと共著で、著名な雑誌、フィジカル・レビュー・レターズに物理学の論文を掲載しました。ところがウィラードは実はヘザリントンが飼っていた猫だったことが判明しました[173]。ヘザリントンによれば、この雑誌は〝I〟と書くことを嫌い、〝We〟と書けという方針だそうです。しかし、彼は、自分の研究成果を他の研究者と分かちたくなかったので、飼っていたシャム猫を共著者としたそうです。このことが判明した後は、ウィラードはフェイスブックのページも開設し[174]、図のような足形のサインも掲載しています。

このようなユーモアは、残念ながら、ORCIDやCRediTが使われる現代では、むずかしくなりました。

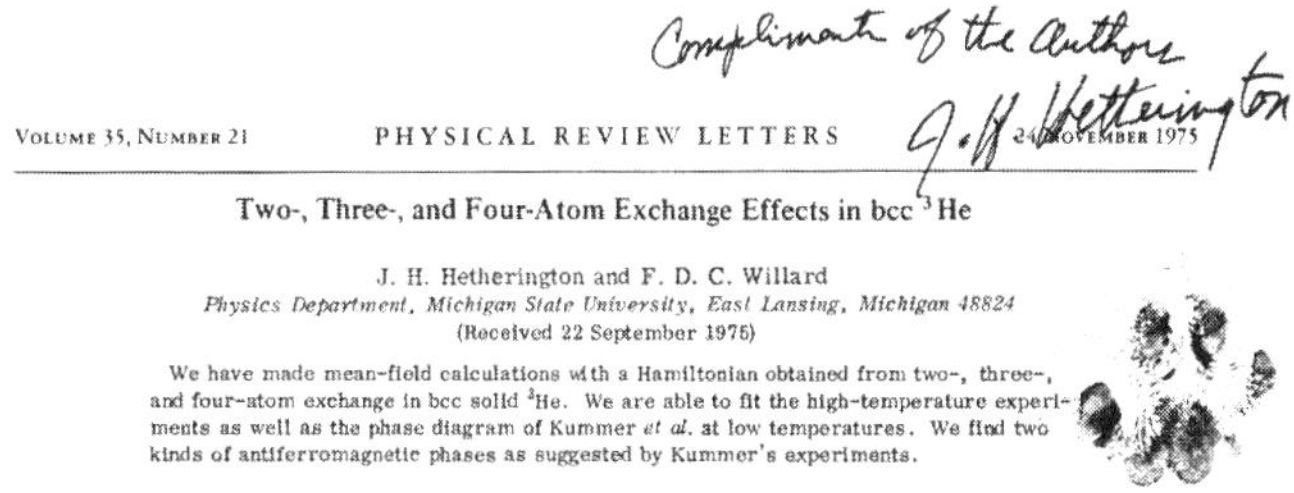

VOLUME 35, NUMBER 21　PHYSICAL REVIEW LETTERS　24 NOVEMBER 1975

Two-, Three-, and Four-Atom Exchange Effects in bcc ^{3}He

J. H. Hetherington and F. D. C. Willard
Physics Department, Michigan State University, East Lansing, Michigan 48824
(Received 22 September 1975)

We have made mean-field calculations with a Hamiltonian obtained from two-, three-, and four-atom exchange in bcc solid ^{3}He. We are able to fit the high-temperature experiments as well as the phase diagram of Kummer *et al.* at low temperatures. We find two kinds of antiferromagnetic phases as suggested by Kummer's experiments.

図6-4　飼猫ウィラードの足形サイン

8 研究不正はなくなるか

研究者もひとりの人間である

研究者といっても社会人としてはひとりの人間であり、その倫理性に違ったところはありません。一般に頭が良いので、強盗や殺人など割に合わない犯罪は行わないかもしれませんが、特に道徳的であるとは考えられません。新聞の社説などでは、「研究者ともあろうものが」という論調がありますが、研究不正は道徳教育では解決しません。

「序　研究不正の鳥瞰図」で書いたように、研究不正を働く人びとには3つの類型があると思います。あらためて繰り返しますと、

①根っからのペテン師、嘘つき
②たまたま不正に手を染めた結果、後戻りできなくなった小心者

③小さな不正は不正と思わないのんき者

これらの実例については、これまで詳しく説明しましたので、ここで繰り返すことはしません。ひとつ補足すると、これらに加えて、④巻き込まれた人、がいると思います。本文で紹介した、東京大学の教授（当時）多比良和誠はその例です。彼が不正に関与していなかったことは明らかですが、自分の研究室内の実験データの不正に気がつかなかったのはけしからん、監督不行き届きだとして懲戒免職となりました。モリカケ不正で、誰も監督責任をとらなかった行政機関とは大違いです。NHKスペシャル「追跡　東大研究不正〜ゆらぐ科学立国ニッポン〜」に、多比良のインタビューが収録されています。「若手研究者の実験結果を信じ、検証を怠ったことを今も悔やんでいる」と述べています。しかし、研究者の独立性と自主性を重んじる大学の研究室で、実際問題として研究者に対して「お前の実験データを見せろ」というのはなかなか容易なことではありません。似たようなことはSTAP細胞事件でも繰り返されました。

環境の変化

先の「ハインリッヒの法則」にあるように、大事故を防ぐには、小事故を減らすこと、さらには

「ヒヤリ、ハット」を減らすことが効果的であると考えられています。前述のようなさまざまな仕組みにより、「ヒヤリ、ハット」は減らせる方向にあります。

まず、近年はほとんどすべての論文が電子ジャーナルとして誰でも読める環境にあります。さらに不正疑惑が発見されると、ただちにネットで拡散され、多数の人びとが検証に加わり、膨大な調査が瞬時に行われる環境となりました。「STAP細胞事件」の際は、論文発表と記者会見後わずか2週間でさまざまな疑惑が噴出したことは記憶に新しいと思います。

さらに、論文の元になった生データの保存が義務づけられ、さらに公開が義務づけられるようになりつつあることは重要です。これにより、多数の目による検証がいっそう容易になる。こうして、防犯カメラに相当する監視機構が整備されています。また研究者にとっては、今研究上のプライバシーというものは存在せず、ORCIDなどで常に見張られています。

電子ジャーナルが普及する前、すなわち前世紀では、剽窃・盗用などの不正も発見が困難でした。21世紀になってから、「論文剽窃チェック・ツール」などの出現も合わさって、このような古典的な不正は自然科学・工学・医学分野では減少しつつあります。ただし、電子ジャーナルが普及していない人文社会学分野では、まだまだ現実の問題です。これは「剽窃・盗用」についての新聞記事からも明らかです。今理工医学系では、画像の改竄・捏造が最大の問題です。

とはいえ、全体としては事態が悪くなっていることはないと思います。昔は「いじめ」の件数など誰も報告しなかったので、統計上はゼロでした。研究不正も、過去には、よほどひどい事件を除いてはあまり表面化しませんでした。したがって、一見最近研究不正が蔓延しているように見えますが、実態は過去より改善されていると筆者は考えています。今後はパワハラ、セクハラなどの、研究界におけるハラスメントにもっと注目する必要があります。

研究体制・研究政策の問題

榎木英介の『嘘と絶望の生命科学』（文藝春秋 ２０１４）では、生命科学の研究体制そのものが、奴隷労働化し、またカネで歪められており、それが研究不正の真の原因であると述べています。また、ＮＨＫスペシャル「追跡 東大研究不正〜ゆらぐ科学立国ニッポン〜」では、研究を続けるために研究費を獲得しなくてはならないとの圧力、そのために有名雑誌に論文を掲載し続けなくてはいけないという圧力、さらには期限付き研究員がポストを得るために短期で成果を上げるよう責められるという問題を不正の土壌として挙げています。

おそらくそれらの指摘は正しいと思われますが、筆者は研究体制・研究政策については専門ではなく、コメントする立場にありません。ここではあくまで、研究機関・学会などの当事者の立場で、個々の不正にどう対応するかについて議論したいと思います。

正しい対応は？

研究不正が発見されたとき、対応はその研究者の所属する機関にゆだねられています。しかし、

①おたがいにすねに傷をもつ身で、同僚を裁けるか
②同僚でない研究者は、違う専門分野の研究不正を調べられるか
③調査手法がよくわからず、素人の調査になってしまう
④第三者として弁護士を入れることもあるが、単なる隠れ蓑になっていないか
⑤組織の保身原理が働かないか
⑥複数機関にわたる不正には対応が困難

などの問題があります。またこの調査に要する労力は半端ではなく、各機関では相当の負担となっていると考えられます。さらに、仲間内の忖度で、不十分な調査しか行わなかったと思われる例も散見します。日本でも、米国の研究公正局のような機関をつくり、たとえば複数機関にわたる不正疑惑を担当する、不正調査のマニュアルを開発したり、助言を行う、などを担当することが望まし

いという意見もあります。また、学会レベルでも、ＣＯＰＥの日本支部のようなものをつくることも意味があると考えます。

多くの研究機関では、若い研究者を対象に研究不正防止のためのセミナなどを開催しています。彼らに「軽微な不正」も「不正」であることを知らせることは非常に有益です。これも前記研究公正局やＣＯＰＥ日本支部があれば、プロとしてそのようなセミナを支援することができます。

組織を責めるのはおかしい

なお、研究不正が発見された組織や上司を「管理不行き届きである」として、行政的、財政的に処罰するのは適切ではありません。研究不正は個人の問題です。防止のための環境整備や教育は可能ですが、組織で防止することは不可能であり、基本的には組織の責任ではありません。事件が起きると、すぐに大学や研究機関を非難するマスコミも問題です。

会社の不正であれば、社長が頭を下げるのが当然ですし、官庁の不正であれば大臣が辞めるのは当然です（最近は辞めませんが）。かれらには監督責任がありますし、しばしば実際に不正を指示・誘導しているからです。しかし、研究機関の長は研究の内容を指示しているわけではなく、あくまで、研究の方向を定め、環境を整備することにしか責任がありません。したがって個々の不正に対して、彼らが頭を下げる必要はありません。その意味で、iPS細胞研究所の研究不正事件で、所長の山中が責任を取って給与を寄付すると述べたことは、正しい対応ではなく、悪い先例といえます。前述の多比良の処分も、海外の不正事件では見られない対応で、大学の面子を優先したとも考えられます。

学校問題でも、ある地域や学校がいじめの件数が多いとして新聞で叩かれることがありますが、これはむしろ正直に調査して報告しているとして褒められるべきではないでしょうか。いじめが目立って少ない地域は、むしろ隠蔽を行っている疑いもあります。研究不正についても、しっかり調査を行っている機関はむしろ称賛すべきです。まして、STAP細胞事件の際に見られたように、不正の発覚を、その研究機関に対する支配強化の足掛かりにするような動きは論外です。

まとめると

結論として、次の点が重要だと筆者は考えます。

①さまざまな不正防止ツールの適切な活用
②若手研究者の教育

③不正対応のコンサルティングができる常設機関

読者の方々はどうお考えでしょうか。

あとがき

本書は前著『コピペと捏造』（樹村房 2016）の一部として書き始めたものですが、分量が増えたため独立させたものです。筆者も研究者でしたので、この問題にはずっと関心をもち、いろいろなデータを集めてきました。ようやく仕上げることができ、感無量です。

この企画を取り上げてくださった樹村房の大塚栄一社長、本書を仕上げるにあたって無理なお願いを聞いていただいた安田愛氏、草稿を読んでいただいた時実依子氏に感謝いたします。

2018年10月

時実象一

索引

あ行

か行

さ行

た行

な行

は行

ま行

や行・ら行・わ行

アルファベット

注・引用参考文献

＊以下に掲載するURLは一部を除き2018年10月16日に確認しています。

001 総務省統計局統計調査部．最近の研究者数の国際比較と企業の研究者数の動向．総務省統計局．2017-04-05．http://www.stat.go.jp/info/today/119.html

002 Richard Harter. Piltdown Man: The Bogus Bones Caper. http://www.talkorigins.org/faqs/piltdown.html

003 同上

004 Isabelle De Groote, et. al. New genetic and morphological evidence suggests a single hoaxer created 'Piltdown man'. Royal Society Open Science. 2016-08-10. doi.org/10.1098/rsos.160328

005 Kai Kupferschmidt. Tide of lies. Science. 2018-08-17, 361 (6403), 636-641.

006 榎木英介．サイエンス誌があぶり出す「医学研究不正大国」ニッポン．Yahoo!ニュース．2018-08-22．https://news.yahoo.co.jp/byline/enokieisuke/20180822-00094058/

007 Richard Van Noorden. Science publishing: The trouble with retractions. Nature. 2011 (478), 26-28.

008 Ferric C. Fang, Misconduct accounts for the majority of retracted scientific publications. Proc. Nat. Acad. Sci. 2012, 109 (42), 17028-17033.

009 Elizabeth Hunter. Misconduct is a major factor in retracted research. UWNEWS. 2012-10-04. https://www.washington.edu/news/2012/10/04/misconduct-is-a-major-factor-in-retracted-research/

010 Mounir Errami1 & Harold Garner2. A tale of two citations. Nature. 2008-01-24, 451, 397-399. doi:10.1038/451397a; Published online 23 January 2008.

011 Kerry Sheridan. 心理学の研究結果、6割以上が再現不可能 検証調査．AFP BB NEWS. 2015-08-28. http://www.afpbb.com/articles/-/3058654 e

012 Reproducibility project yields muddy results. Nature. 2017-01-19. 541.

013 ASCB Member Survey on Reproducibility. http://www.ascb.org/wp-content/uploads/2015/11/final-survey-results-without-Q11.pdf

014 Shareen A. Iqbal , Joshua D. Wallach , Muin J. Khoury, Sheri D. Schully, John P. A. Ioannidis. Reproducible Research Practices and Transparency across the Biomedical Literature. PLOS Biology. 2016-01-04.

015 Fiona Godlee. Clinical trial data for all drugs in current use. BMJ. 2012, 345, e7304.

016 David Payne. Tamiflu: the battle for secret drug data. BMJ. 2012, 345, e7303.

017 BMJ Open Data. http://www.bmj.com/open-data

018 PLOS. Data Availability. http://journals.plos.org/plosone/s/data-availability

019 Effects of article retraction on citation and practice in medicine. Bull Med Libr Assoc. 1999-10, 87 (4), 437-443.

020 Richard Van Noorden. Jan HendrikSchön が PhD を失う . Newsblog. 2011-09-19. http://blogs.nature.com/news/2011/09/jan_hendrik_schn_loses_his_phd.html

021 A magnet levitating above a superconductor cooled by liquid nitrogen. https://en.wikipedia.org/wiki/Meissner_effect#/media/File:Meissner_effect_p1390048.jpg

022 Lydia Shon. Berkeley Scientific Review. Spring. 2013-04-22. http://berkeleysciencereview.com/article/lydia-sohn/

023 Jan Hendrik Schön, Hong Meng and Zhenan Bao. Self-assembled monolayer organic field-effect transistors. Nature. 2001-10-18, 413, 713-716.

024 Jan Hendrik Schön, Hong Meng, Zhenan Bao. Field-Effect Modulation of the Conductance of Single Molecules. Science. 2001, 2138-2140.

025 Jan Hendrik Schön Loses His Ph.D. Science. 2011-09-19.

026 The Cloning Scandal of Hwang Woo-Suk. Stem Cells. http://stemcellbioethics.wikischolars.columbia.edu/The+Cloning+Scandal+of+Hwang+Woo-Suk

027 Woo Suk Hwang, et al. Evidence of a Pluripotent Human Embryonic Stem Cell Line Derived from a Cloned Blastocyst. Science. 2004-03-12, 303 (5664), 1669-1674.

028 Woo Suk Hwang, et al. Patient-Specific Embryonic Stem Cells Derived from Human SCNT Blastocysts. Science. 2005-01-17, 308 (5729), 1777-1783.

029 Wikimedia Commons

030 Pneumocystis Pneumonia --- Los Angeles. MMWR. 1981-06-05, 30 (21), 1-3. https://www.cdc.gov/mmwr/preview/mmwrhtml/june_5.htm

031 John Crewdson. The Great AIDS Quest. Chicago Tribune. 1989-11-19. http://archives.chicagotribune.com/1989/11/19/page/101/article/the-great-aids-quest

032 Gallo RC, et al. Isolation of human T-cell leukemia virus in acquired immune deficiency syndrome (AIDS). Science. 1983-05-20, 220 (4599), 865-7.
033 Wikimedia Commons
034 F. Barre-Sinouss, L. Montagnier, et al. Isolation of a T-Lymphotropic Retrovirus from a Patient at Risk for Acquired Immune Deficiency Syndrome (AIDS). Science. 1983, 220 (4599), 868-871.
035 Wikimedia Commons
036 前掲 034
037 Wain-Hobson S, et al. Nucleotide sequence of the AIDS virus, LAV. Cell. 1985, 40 (1), 9-17.
038 M. L. Bryant, et al. Molecular comparison of retroviruses associated with human and simian AIDS. Hematological Oncology, 1985. https://doi.org/10.1002/hon.2900030307
039 Robson AB, Martin MA. Molecular organization of the AIDS retrovirus. Cell. 1985, 40 (3), 477-80.
040 Robert C. GAllo. ... and his response. Nature. 1991-05-30, 351, 358.
041 U.S. Admits French Role in HIV Test Kit : Health: Officials say that the virus used by scientists came from France. Royalties will be more evenly split under a new agreement. Los Angeles Times. 1994-07-12. http://articles.latimes.com/1994-07-12/news/mn-14822_1_hiv-test-kit
042 理化学研究所．113番元素特設ページ．仁科加速器研究センター．http://www.nishina.riken.jp/113/
043 Bertram Schwarzschild. Lawrence Berkeley Lab Concludes that Evidence of Element 118 Was a Fabrication. Physics Today. 2002, (55), 9, 15.
044 同上
045 「日本大百科全書（ニッポニカ）」
046 前・中期旧石器問題調査研究特別委員会編『前・中期旧石器問題の検証』日本考古学協会，2003，625p.
047 一般社団法人日本考古学協会．前・中期旧石器問．http://archaeology.jp/about/paleolithic_hoax/
048 毎日新聞旧石器遺跡取材班『発掘捏造』新潮社，2003，p.61-62.
049 毎日新聞旧石器遺跡取材班『古代史捏造』新潮社，2003，p.124-132.
050 S. Semaw, et al.. 2.5-million-year-old stone tools from Gona, Ethiopia. Nature. 1997-01-23, 385, 333-336.
051 Sonia Harmand, et al. 3.3-million-year-old stone tools from Lomekwi 3, West

Turkana, Kenya. Nature. 2015-05-21, 521, 310-315.
052 Zhaoyu Zhu, Robin Dennell, Weiwen Huang, Yi Wu, Shifan Qiu, Shixia Yang, Zhiguo Rao, Yamei Hou, Jiubing Xie, Jiangwei Han, Tingping Ouyang. Hominin occupation of the Chinese Loess Plateau since about 2.1 million years ago. Nature. 2018-07-11, 559, 608-612.
053 National Geographic. 210 万年前の石器を中国で発見、アフリカ以外最古. 2018-07-13. http://natgeo.nikkeibp.co.jp/atcl/news/16/b/071300205/?n_cid=nbpnng_twed
054 日本科学未来館．イベント情報．“宇宙エレベータ”のある未来〜2062 年の街を描こう！（中秋の名月 未来館でお月見！2007）．http://www.miraikan.jst.go.jp/event/070924159270.html
055 Serkan Anilir@SerkanAnilir. https://twitter.com/serkananilir
056 文部科学省への告発文書．http://space.geocities.jp/serkan_anilir/monkasho.html
057 東京大学．アニリール・セルカン元東京大学工学系研究科助教に係る論文の不正行為に関する調査報告について．2010-07-23. http://www.u-tokyo.ac.jp/public/public01_220723_j.html
058 アニリール・セルカン『宇宙エレベーター』大和書房，2006，p.32.
059 Brad Lemley, Dan Winters. Going Up. Discover. 2004-07-25. http://discovermagazine.com/2004/jul/cover
060 前掲 058，p.35.
061 Tsui Design And Research. Eye In The Sky Lookout Tower. http://www.tdrinc.com/eye.html
062 同上
063 「フロントランナー　宇宙物理学者 工学博士　アニリール・セルカンさん（36 歳）宇宙も暮らしも自在に発想」『朝日新聞』2009-08-29，b1-b2.
064 Hisashi Moriguchi, Raymond T Chung, Chifumi Sato. New translational research on novel drugs for hepatitis C virus 1b infection by using a replicon system and human induced pluripotent stem cells. Hepatology. 2009-10-19, 51, 344-345.
065 Moriguchi Hisashi, Chung Raymond T., Mihara Makoto, Sato Chifumi. Generation of human induced pluripotent stem cells from liver progenitor cells by only small molecules. Hepatology. 2010-07-29, 52: 1169.
066 森口尚史のブロマガ「医学報道の光と闇」．http://ch.nicovideo.jp/hisashi-moriguchi/blomaga
067 Hisashi Moriguchi. Successful cryopreservation of human ovarian cortex

tissues using supercooling. Protocol Exchange. 2012-07-27, (2012)
068 森口氏、iPS臨床応用「1例は実施」と主張. YouTube. 2012-10-14. https://www.youtube.com/watch?v=FkKUmWaN2jc
069 前掲 066
070 Haruko Obokata, Yoshiki Sasai, Hitoshi Niwa, Mitsutaka Kadota, Munazah Andrabi, Nozomu Takata, Mikiko Tokoro, Yukari Terashita, Shigenobu Yonemura, Charles A. Vacanti & Teruhiko Wakayama. Bidirectional developmental potential in reprogrammed cells with acquired pluripotency. Nature. 2014-01-30, 505, 676-680.
071 Haruko Obokata, Teruhiko Wakayama, Yoshiki Sasai, Koji Kojima, Martin P. Vacanti, Hitoshi Niwa, Masayuki Yamato, Charles A. Vacanti. Stimulus-triggered fate conversion of somatic cells into pluripotency. Nature. 2014-01930, 505, 641-647,
072 小保方晴子の疑惑論文1 (Nature Letter). http://stapcells.blogspot.jp/2014/02/nature-letter.html (Wayback Machine, 2014-02-27)
073 小保方晴子の疑惑論文2 (Nature Article 誌). http://stapcells.blogspot.jp/2014/02/nature-article.html (Wayback Machine, 2014-03-01)
074 同上
075 須田桃子『捏造の科学者：STAP細胞事件』文藝春秋, 2014, 383p.
076 Alejandro De Los Angeles, et al. Failure to replicate the STAP cell phenomenon. Nature. 2015-09-24, 525, E6-E9.
077 Nobuyasu Komazawa, et al. Enhanced insulin sensitivity, energy expenditure and thermogenesis in adipose-specific Pten suppression in mice. Nature Medicine. 2004, 10, 1208-1215.
078 Fukuhara A., et al. Visfatin: a protein secreted by visceral fat that mimics the effects of insulin. Science. 2005-01-21, 307, 5426-430.
079 日本RNA学会. 多比良和誠教授発表の論文に関わる調査について. http://wwwsoc.nii.ac.jp/rnaj/tahira_jap.html (Wayback Machine)
080 Kawasaki H, Onuki R, Suyama E, Taira K. Related Articles, Links Abstract. Identification of genes that function in the TNF-alpha-mediated apoptotic pathway using randomized hybrid ribozyme libraries. Nat Biotechnol. 2002-04, 20 (4), 376-380 など.
081 別紙1（東京大学教授 大学院工学系研究科 多比良和誠）. http://www.u-tokyo.ac.jp/public/pdf/181227_05.pdf (Wayback Machine)
082 研究不正疑惑のまとめ. 東京大学 分子細胞生物学研究所 加藤茂明グループの論文捏造、研究不正. http://blog.goo.ne.jp/bnsikato

083 JuuichiJigen. 東京大学 分生 不正論文疑惑（コピペ画像掲載の論文捏造疑惑）. YouTube. 2012-01-14. https://www.youtube.com/watch?v=j2P7ajKU8pg

084 Dennis Normile. Whistleblower Uses YouTube to Assert Claims of Scientific Misconduct. Science. 2012-01-25. http://www.sciencemag.org/news/2012/01/whistleblower-uses-youtube-assert-claims-scientific-misconduct

085 東京大学への類似画像掲載論文に関する申立書. 東京大学 分子細胞生物学研究所 加藤茂明グループの論文捏造、研究不正. 2012-01-10. http://blog.goo.ne.jp/bnsikato/c/4f150a52455bc6a961c0eaca5f1280a9

086 日本分子生物学会. 加藤茂明元分子細胞生物学研究所教授の論文不正問題に関する早急な情報開示の要望書. 2012-11-08. http://www.mbsj.jp/misc/youbou_20121108.pdf

087 前掲 082

088 東京大学. 記者会見「東京大学分子細胞生物学研究所・旧加藤研究室における論文不正に関する調査報告（最終）」の実施について. 2014-12-26. https://www.u-tokyo.ac.jp/focus/ja/press/p01_261226.html.

089 世界変動展望 . 東大医学部の研究不正の告発 . 2016-08-31. https://blog.goo.ne.jp/lemon-stoism/e/0191b2afabfbcd17a0f8aecd23c45245

090 東京大学 . 記者会見「22 報論文の研究不正の申立てに関する調査報告」の実施について . 2017-08-01. https://www.u-tokyo.ac.jp/focus/ja/press/p01_290801.html

091 分子細胞生物学研究所データ解析結果 . https://www.u-tokyo.ac.jp/content/400066115.pdf

092 京都大学 iPS 細胞研究所. 研究活動上の不正行為に係る調査結果について. 2018-01-22. https://www.cira.kyoto-u.ac.jp/j/pressrelease/other/180122-181000.html

093 京都大学 iPS 細胞研究所 研究公正調査委員会. 論文不正に関するデータ解析の概要. https://www.cira.kyoto-u.ac.jp/j/pressrelease/pdf/20180122_investigation_result_reference.pdf?1532057826666

094 Yoshiki Yui. Concerns about the Jikei Heart Study. Lancet. 2012-04-14, 379 (9824), e48.

095 東京大学. J-ADNI 研究に関する第三者調査委員会の調査報告について［その他］. 2014-12-22. http://www.u-tokyo.ac.jp/ja/news/notices/notices_3454.html (Wayback Machine)

096 厚生労働省. J-ADNI 研究に関する第三者調査委員会調査報告書について.

2014-12-22. http://www.mhlw.go.jp/stf/houdou/0000069606.html
097 杉下守弘．東大第三者委員会の誤り：認知症研究の改ざんをめぐって．http://www.geocities.jp/shinjitunodentatu/daisannsyaiin.html
098 Kranke, Peter, et al. Reported Data on Granisetron and Postoperative Nausea and Vomiting by Fujii et al. Are Incredibly Nice!. Anesthesia & Analgesia. 2000, 90 (4), 1004–1006.
099 日本麻酔科学会．藤井氏論文調査特別委員会 報告書．2012-06-28. http://www.anesth.or.jp/news2012/pdf/20120629_2.pdf
100 That's a Mori! Seven more retractions brings latest count to 30. Retraction Watch. 2012-04-06. http://retractionwatch.com/2011/10/12/thats-a-mori-seven-more-retractions-brings-latest-count-to-30/
101 Japanese virologist hit with publishing ban after widespread data manipulation. Retraction Watch. 2010-12-25. ttp://retractionwatch.com/2010/12/24/japanese-virologist-hit-with-publishing-ban-after-widespread-data-manipulation/#more-1175
102 琉球大学＋長崎大学の NM 氏による論文捏造の追及ブログ（NM は筆者による匿名化）．https://blog.goo.ne.jp/naoki_mori
103 前掲 100
104 Back in the saddle: After more than 30 retractions, Naoki Mori publishing again. Retraction Watch. 2012-04-06. http://retractionwatch.com/2012/04/06/back-in-the-saddle-after-30-retractions-naoki-mori-publishing-again/#more-7168
105 T. Scott Pluchak. Plagiarism in the Academy: Now What Do We Do? CrossRef Annual Meeting. 2009-11-10. Cambridge, MA, USA. https://www.slideshare.net/CrossRef/plagiarism-in-the-academy
106 Brian C. Martinson, et al. Scientists behaving badly. Nature. 2005-06-09, 435, 737–738.
107 Mounir Errami, Harold Garner. A tale of two citations. Nature. 2008-01-24, 451, 397–399.
108 Tara C. Long, Mounir Errami, Angela C. George, Zhaohui Sun, Harold R. Garner. Responding to Possible Plagiarism. Science. 2009, 323, 1293–1294.
109 William Broad, Nicholas Wad 著 牧野賢治訳『背信の科学者たち』化学同人，1988，p.39–59.
110 William G. Shulz. A Massive Case of Fraud. Chem. Eng. News. 2018-02-18, 88 (7), 37–38.
111 東京学士院．http://www.japan-acad.go.jp/

112 著作権なるほど質問箱．http://www.bunka.go.jp/chosakuken/naruhodo/
113 水谷直樹．科学技術論文の著作者人格権侵害が否定された事例．発明．2005-11，Vol.102. http://www.hanketsu.jiii.or.jp/hanketsu/jsp/hatumeisi/news/200511news.html
114 溝上哲也．著作物性の判断基準について．事務所報．2006-07，No.17，http://www.mizogami.gr.jp/news/ne_back/jim1807L24.htm
115 山田一編著『リニアモータ応用ハンドブック』工業調査会，1986，p.287.
116 山沢清人「メカトロニクス電磁アクチュエータの動作」丹野頼元編『メカトロニクスへの招待』森北出版，1989，p.13.
117 Geoff Brumfiel. Physicists aflutter about data photographed at conference. Nature. 2018-09-02. https://www.nature.com/news/2008/080902/full/455007a.html
118 Bethany Halford. Camera Shy: ACS cracks down on unauthorized photography at meetings. Chem. Eng. News. 2009-03-02, 87 (9), 41.
119 Chris Woolston. Conference tweeting rule frustrates ecologists. Nature. 19 August 2015-08-19.
120 クリエイティブ・コモンズ・ジャパン．https://creativecommons.jp/
121 A. J. S. Rayl. Oxygen: Putting a Human Face on Science. TheScientist. 2001-10-15. http://www.the-scientist.com/?articles.view/articleNo/13627/title/Oxygen--Putting-a-Human-Face-on-Science/
122 Carl Djerassi, Roald Hoffmann. Oxygen: A Play in 2 Acts. Wiley, 2001, 128p. ISBN: 978-3-527-30413-4.
123 J. D. WATSON & F. H. C. CRICK. Molecular Structure of Nucleic Acids: A Structure for Deoxyribose Nucleic Acid. Nature. 1953-04-25, 171, 737.
124 Nobelprize.org. Lists of Nobel Prizes and Laureates. https://www.nobelprize.org/nomination/archive/show.php?id=12388
125 A. Schatz et al. Streptomycin, a substance exhibiting antibiotic activity against Gram-positive and Gram-negative bacteria. Proc Exp Biol Med. 1944, 55, 66-69.
126 Terry Sharrer. The discovery of streptomycin. The Scientist. 2007-08-01. http://www.the-scientist.com/?articles.view/articleNo/25252/title/The-discovery-of-streptomycin
127 William Kingston. Streptomycin, Schatz v. Waksman, and the balance of credit for discovery. J. His.t Med. Allied. Sci. 2004, 59 (3), 441-62.
128 Mariam B. Sticklen. Retraction. Plant genetic engineering for biofuel production: towards affordable cellulosic ethanol. Nature Reviews

Genetics. 2010, 11, 308.
129 Ethics-1C-Plagiarism-data ownership Case Study. https://www.bcm.edu/gs/LinkedPowerpoints/Ethics-1C-Plagiarism-data%20ownership%20Case%20Study.doc
130 エナゴ学術英語アカデミー．査読者が査読対象を盗用―「著者にとって最悪の悪夢」．2017-02-10. https://www.enago.jp/academy/peer_reviewer_stole_paper/
131 Retraction Watch. Dear peer reviewer, you stole my paper: An author's worst nightmare. http://retractionwatch.com/2016/12/12/dear-peer-reviewer-stole-paper-authors-worst-nightmare/
132 Ziren Yan, Yang Peng, Prof. Ying Wu, Prof. Junwei Di. Retraction: Controllable Electrochemical Synthesis of Silver Nanoparticles on Indium-Tin-Oxide-Coated Glass. ChemElectroChem. 2015, 2 (4), 578-583.
133 Retraction Watch. Peer reviewer steals text for his own chemistry paper, gets sanctioned by journal. http://retractionwatch.com/2016/02/18/peer-reviewer-steals-text-for-his-own-chemistry-paper/
134 和田恭雄「海外雑誌に投稿するリスク」『現代化学』2005, (9), 30.
135 Ming Zhou, Hongwen Ji, Nian Fu, Linxi Chen, Yong Xia. Retraction: Nucleophagy in Human Disease: Beyond the Physiological Role. [Tohoku J. Exp. Med., 2018, 244 (1), 75-81. doi: 10.1620/tjem0.244.75. Review.]. Tohoku J. Exp. Med. 2018, 244 (2), 175.
136 Linda Wang, Andrea Widener. Confronting sexual harassment in chemistry. C&EN. 2017-09-19, 95 (37), 28-27.
137 吉村昭『光る壁画』改版，新潮社，1984，p.313.
138 「宇治先生の想い出：ガストロカメラをめぐって」『故杉浦睦夫氏を偲ぶ』52-56. http://ikamera.jp/wp/wp-content/uploads/2017/08/Shinsekai-19878-52-56.pdf
139 米山公啓．現代医療の真相（第2回）医学博士論文を考える．経済界．2014-05-01. http://net.keizaikai.co.jp/archives/7225
140 Top Writing Services. http://www.topwritersreview.com/top-10-essay-writing-services/
141 卒論代行・昇進論文代筆サービス．https://www.kakeruya.com/
142 杉浦宣彦．論文作成サービス利用のリスクを考える―剽窃問題と大学教育：理工学部の新たな取り組み―．読売オンライン．2014-05-19. http://www.yomiuri.co.jp/adv/chuo/opinion/20140519.html
143 For Sale: "Your Name Here" in a Prestigious Science Journal. Scientific

American. 2014-12-17. https://www.scientificamerican.com/article/for-sale-your-name-here-in-a-prestigious-science-journal/
144 GRABmyESSAY. https://www.grabmyessay.com/
145 Jeffrey Beall. Criteria for Determining Predatory Open-Access Publishers. 2015-01-01. https://beallslist.weebly.com/uploads/3/0/9/5/30958339/criteria-2015.pdf
146 Journal of Biospectracal. http://journalofbiospectracal.com/
147 Why did Beall's List of potential predatory publishers go dark? Retraction Watch. 2017-01-17. https://retractionwatch.com/2017/01/17/bealls-list-potential-predatory-publishers-go-dark/
148 Bogus Journal Accepts Profanity-Laced Anti-Spam Paper. 2014-11-20. https://web.archive.org/web/20141222085050/http://scholarlyoa.com/2014/11/20/bogus-journal-accepts-profanity-laced-anti-spam-paper/
149 SCIgen - An Automatic CS Paper Generator. https://pdos.csail.mit.edu/archive/scigen/
150 H.W. Heinrich. Relation of Accident Statistics to Industrial Accident Prevention. PROCEEDINGS OF THE Casualty Actuarial Society 1929-1930 ,Volume XVI Number 33-1929-11-29, Number 34-1930-05-09, 1930 Year Book [1], p.170-174.
151 CrossRef Annual Meeting. 2019.
152 Mike Rossner, Kenneth M. Yamada. What's in a picture? The temptation of image manipulation. JCB, 2004, 166 (1), 11. https://doi.org/10.1083/jcb.200406019
153 warbler's diary. 論文不正に関する不適切な画像処理について. 2014-09. http://warbler.hatenablog.com/entry/20140920/1411173696
154 コンサルティングMIMI. 目的を達成する高精度な写真の改ざん・偽造. http://www.minoya.info/4649/analysis/composite_image6.php
155 Office of Research Integrity. Forensic Tools. http://ori.hhs.gov/forensic-tools
156 Forgery Detection Plugin. https://belkasoft.com/forgery-detection
157 ICMJE. Recommendations for the Conduct, Reporting, Editing, and Publication of Scholarly Work in Medical Journals. http://www.icmje.org/recommendations/
158 COPE. https://publicationethics.org/
159 COPE Flowcharts. https://publicationethics.org/resources/flowcharts
160 文部科学省. 研究活動における不正行為への対応等に関するガイドライン.

2014-08-26. http://www.mext.go.jp/b_menu/houdou/26/08/__icsFiles/afieldfile/2014/08/26/1351568_02_1.pdf
161 日本学術会議．科学研究における健全性の向上について．2015-03-06. http://www.scj.go.jp/ja/info/kohyo/pdf/kohyo-23-k150306.pdf
162 科学技術振興機構．研究公正ポータル．http://www.jst.go.jp/kousei_p/orgs.html
163 Office of Research Integrity. Historical Background. https://ori.hhs.gov/historical-background
164 Jocelyn Kaiser. Former U.S. Research Fraud Chief Speaks Out on Resignation, 'Frustrations'. Science. 2014-04-04. http://www.sciencemag.org/news/2014/04/former-us-research-fraud-chief-speaks-out-resignation-frustrations
165 Office of Science and Technology Policy. Increasing Access to the Results of Federally Funded Scientific Research. http://www.whitehouse.gov/sites/default/files/microsites/ostp/ostppublic_accessmemo_2013.pdf (accessed 2014-06-14).
166 Fiona Godlee. Clinical trial data for all drugs in current use. BMJ. 2012, 345, e7304.
167 Theo Bloom. Data Access for the Open Access Literature: PLOS's Data Policy. http://www.plos.org/data-access-for-the-open-access-literature-ploss-data-policy/ (accessed 2014-06-15).
168 Announcing Microsoft Research Open Data - Datasets by Microsoft Research now available in the cloud. 2018-06-21. https://www.microsoft.com/en-us/research/blog/announcing-microsoft-research-open-data-datasets-by-microsoft-research-now-available-in-the-cloud/
169 時実象一「研究者登録システム ORCID」『薬学図書館』2014, 59 (2), 120-125.
170 CellPress. http://www.cell.com/pb/assets/raw/shared/guidelines/CRediT-taxonomy.pdf
171 タッキー、英科学誌論文に執筆者として掲載「鬼界カルデラ」調査に役立つ溶岩を自ら採取．スポーツ報知．2018-02-10. https://www.hochi.co.jp/entertainment/20180210-OHT1T50043.html
172 Yoshiyuki Tatsumi, et al. Giant rhyolite lava dome formation after 7.3 kasupereruption at Kikai caldera, SW Japan. Scientific Reports. 2018, 2753. https://www.nature.com/articles/s41598-018-21066-w
173 Eric Gundhauser. In 1975, a Cat Co-Authored a Physics Paper. Atlas

Obscura, 2016-08-30. https://www.atlasobscura.com/articles/in-1975-a-cat-coauthored-a-physics-paper
174 FDC Willard. Facebook. https://www.facebook.com/FDCWillard/

＊本文中の引用図版はすべて，筆者の責任で選択し，掲載したものです。

著者プロフィール

時実 象一（ときざね・そういち）

1944年　岡山県に生まれる
1966　東京大学理学部化学科卒業
1968　東京大学大学院理学系研究科化学専門課程修士課程修了
1987　大阪大学にて理学博士号授与
東洋レーヨン（現東レ）株式会社、社団法人 化学情報協会、
米国化学会ケミカル・アブストラクツ・サービス（CAS）、
科学技術振興事業団（JST）、愛知大学文学部教授などを経て、
現在　東京大学大学院情報学環 高等客員研究員
学術情報XML推進協議会（XSPA）会長
デジタルアーカイブ学会 理事
主著　『デジタル・アーカイブの最前線』講談社
『理系のためのインターネット検索術』講談社
『コピペと捏造：どこまで許されるのか、表現世界の多様性を探る』樹村房

研究者のコピペと捏造

2018年11月1日　初版第1刷発行

検印廃止

著　者© 時実象一
発行者 大塚栄一

発行所 株式会社 樹村房
〒112-0002
東京都文京区小石川5丁目11番7号
電話 03-3868-7321
FAX 03-6801-5202
http://www.jusonbo.co.jp/
振替口座 00190-3-93169

組版・印刷／美研プリンティング株式会社
製本／有限会社愛千製本所

ISBN978-4-88367-313-1